渉外戸籍・国籍法研究

大村芳昭 著

成 文 堂

理恵へ

はしがき

2015 年 12 月に上梓した『国際家族法研究』に続く学術出版の第 2 弾として、本書を刊行できる運びとなった。

『国際家族法研究』では、筆者がこれまでに研究したテーマのうち最も多くの時間を費やした「人際家族法」を大きな柱としつつ、それ以外のものも含めて、国際家族法学者としての筆者のこれまでのささやかな業績を整理する作業を行った。

その際、後日のためにあえて収録しなかったのが、渉外戸籍や国籍法に関する論考である。本書は、それら渉外戸籍・国籍法に関する論考を中心として、国際家族法に関する判例研究（何らかの意味で渉外戸籍とつながる意味を持つ）を含めた形で一冊にまとめたものである（用語の修正等を除いて内容については基本的に公表時のままとした）。

本書の構成は以下の通りである。

序論では、渉外戸籍や国籍法に対する筆者の問題関心を述べ、それとの関係で本書第 1 部に掲載した論文の位置づけを示す作業を行った。

第 1 部では、筆者がこれまでに公表してきた、渉外戸籍ないし国籍法に関する論説を収録した。そのうち、第 1 章「戦前の「国際家族」と戸籍—渉外戸籍法前史—」では、明治時代から第二次世界大戦までの渉外戸籍の変遷をたどることによって、渉外戸籍制度の特質を示そうとした。第 2 章「渉外戸籍制度の問題点」では、家族法を実現する手段という観点から渉外戸籍制度の抱える問題点を提示した。第 3 章「認知制度の変遷と国籍法」及び第 4 章「生後認知による日本国籍の取得について」では、婚外子差別の克服という観点を特に意識しつつ、血統主義を採用する日本の国籍法における婚外親子（特に父子）関係の成立と日本国籍付与とのあるべき関係を検討した。そして第 5 章では、今後の渉外戸籍先例研究への導入を意識しつつ、ある戸籍先例

解説における国際私法の解釈につき若干の疑問の提示を行った。

　第2部では、渉外戸籍・国籍法の分野を中心に、国際家族法に関する筆者の従来の判例研究を掲載した。

　あとがきでは、本書を踏まえて、渉外戸籍・国籍法それぞれについて筆者が今後の課題として気になっている点をご紹介して、本書の締めくくりとした。

　『国際家族法研究』及び本書において、筆者のささやかな業績をまとめることができたのは、ひとえにこれまで筆者を様々な形で支えて下さった皆様のおかげである。ここに改めて、皆様に対する深い感謝の気持ちを表したい。

　　2018 年 6 月 30 日

　　　　　　　　　　　　　　　　　　　　　　大 村 芳 昭

iii

目　　次

はしがき

初出一覧

序　論　国際家族法から見た戸籍法と国籍法 ……………………… *1*

第1節　はじめに ………………………………………………………… *1*

第2節　渉外戸籍について ……………………………………………… *1*

　　1　国際家族法における家族実体法と家族関係登録法の関係　（*1*）

　　2　渉外戸籍法の特殊性　（*2*）

　　3　渉外戸籍制度の具体的な問題点　（*3*）

　　4　渉外戸籍法研究の新たな動向　（*4*）

第3節　国籍法について ………………………………………………… *4*

　　1　国際家族法にとっての国籍と国籍法プロパーの研究　（*4*）

　　2　認知と国籍取得について　（*5*）

第1部　論　　説

第1章　戦前の「国際家族」と戸籍
　　　──渉外戸籍法前史── ……………………………… *9*

第1節　はじめに ………………………………………………………… *9*

　　1　渉外戸籍との出会い　（*9*）

　　2　渉外戸籍とその研究　（*10*）

　　3　本稿の目的と意義　（*11*）

第2節　戸籍法の変遷と渉外戸籍 …………………………………… *12*

　　1　明治初期～中期の戸籍制度（1872年式戸籍、1886年式戸籍）　（*12*）

　　（1）　概　要　（*12*）　（2）　渉外戸籍　（*13*）

iv　目　次

　　　2　明治後期〜大正初期の戸籍制度（1898年式戸籍）　*(14)*

　　　（1）　概　要　*(14)*　（2）　渉外戸籍　*(16)*

　　　3　大正初期〜昭和前期の戸籍制度（1915年式戸籍）　*(18)*

　　　（1）　概　要　*(18)*　（2）　渉外戸籍　*(19)*

　第3節　考　察‥‥‥‥‥‥‥‥‥‥‥‥‥‥‥‥‥‥‥‥‥‥‥‥‥*20*

　　　1　国民登録制度としての戸籍　*(20)*

　　　2　身分登記簿の評価　*(21)*

　　　3　おわりに　*(22)*

第2章　渉外戸籍制度の問題点‥‥‥‥‥‥‥‥‥‥‥‥*23*

　第1節　はじめに‥‥‥‥‥‥‥‥‥‥‥‥‥‥‥‥‥‥‥‥‥‥‥‥*23*

　第2節　戸籍の意義と性格‥‥‥‥‥‥‥‥‥‥‥‥‥‥‥‥‥‥‥‥*23*

　第3節　渉外戸籍の難しさ‥‥‥‥‥‥‥‥‥‥‥‥‥‥‥‥‥‥‥‥*24*

　第4節　渉外戸籍事務の一般的な手順‥‥‥‥‥‥‥‥‥‥‥‥‥‥‥*25*

　第5節　渉外戸籍制度の問題点‥‥‥‥‥‥‥‥‥‥‥‥‥‥‥‥‥‥*26*

　　　1　戸籍制度の二重の性格からくる問題点　*(26)*

　　　2　外国実質法との整合性という観点からの問題点　*(27)*

　　　3　受理要件審査ないし添付書類に関わる問題点　*(28)*

　　　4　外国人の家族関係公証手段に関する問題点　*(28)*

　第6節　戸籍制度側の対応‥‥‥‥‥‥‥‥‥‥‥‥‥‥‥‥‥‥‥‥*29*

　　　1　戸籍編製原理の修正による対応　*(29)*

　　　2　外国法に基づく家族関係の戸籍手続きへの受容　*(30)*

　　　3　添付書類についての例外的措置　*(31)*

　　　4　外国人の家族関係の公証方法　*(31)*

　第7節　戸籍制度側の対応の問題点‥‥‥‥‥‥‥‥‥‥‥‥‥‥‥‥*32*

　　　1　戸籍編製原理上の問題について　*(32)*

　　　2　外国家族法上の制度の受容について　*(33)*

　　　3　添付書類の例外措置について　*(34)*

　　　4　届出書による家族関係の公証について　*(34)*

目　次　v

　　第 8 節　検　討 ………………………………………………… 35
　　　　1　戸籍編製原理の再検討、戸籍簿の廃止　(35)
　　　　2　戸籍法の人的適用範囲の拡大と国籍の明示　(36)
　　　　3　外国家族法上の制度への柔軟な対応　(36)
　　　　4　添付書類　(37)
　　　　5　届書の位置づけの徹底　(37)
　　第 9 節　おわりに ……………………………………………… 37

第 3 章　認知制度の変遷と国籍法 ……………………………… 38
　　第 1 節　はじめに ……………………………………………… 38
　　第 2 節　認知の性質をめぐる法の変遷・その 1
　　　　　　（第 2 次世界大戦前）…………………………………… 41
　　第 3 節　認知の性質をめぐる法の変遷・その 2
　　　　　　（第 2 次世界大戦後）…………………………………… 42
　　第 4 節　わが国民法における婚外親子関係成立要件の
　　　　　　現状に対する評価 ……………………………………… 44
　　第 5 節　1950年国籍法制定時における認知制度の評価 ……… 44
　　第 6 節　現行法上の認知制度の評価と国籍法の解釈論 ……… 46
　　第 7 節　国籍法の改正に向けて ……………………………… 48

第 4 章　生後認知による日本国籍の取得について ………… 50
　　第 1 節　はじめに ……………………………………………… 50
　　第 2 節　国籍法違憲訴訟一審判決について ………………… 52
　　　　1　原告の主張　(53)
　　　　2　被告の主張　(53)
　　　　3　裁判所の判断　(54)
　　　　4　一審判決への疑問　(55)
　　第 3 節　国籍法違憲訴訟最高裁判決について ……………… 58
　　　　1　多数意見の見解　(58)
　　　　2　補足意見等の見解　(59)

vi　目　次

　　　　3　反対意見の見解　*(60)*

　　　　4　反対意見への疑問　*(61)*

　第4節　改正前国籍法3条1項の解釈について……………………*62*

　　　　1　国籍法2条1号・3条1項の違憲性　*(62)*

　　　　2　国籍法2条1号・3条の合憲的解釈　*(65)*

　第5節　国籍法改正のあり方について……………………………*67*

　　　　1　子とわが国との密接な結び付き　*(67)*

　　　　2　親子関係の科学的証明　*(70)*

　　　　3　国籍取得の遡及効　*(72)*

　　　　4　法務大臣への届出　*(73)*

　　　　5　国籍法改正の提案　*(74)*

　第6節　おわりに……………………………………………………*74*

第5章　ある戸籍先例における反致の扱いについて………*76*

　第1節　はじめに……………………………………………………*76*

　第2節　戸籍923号　訓令・通達・回答5401……………………*76*

　　　　1　事案及び回答　*(76)*

　　　　2　回答の根拠　*(77)*

　　　　3　回答に関する疑問　*(77)*

　第3節　戸籍927号　訓令・通達・回答5409……………………*78*

　　　　1　事案及び回答　*(78)*

　　　　2　回答の根拠　*(79)*

　　　　3　回答に関する疑問　*(79)*

　第4節　おわりに……………………………………………………*81*

目　次　vii

第2部　判例研究

第1章　渉外戸籍・国籍法編 ·· 85
1．補充的生地主義に基づく日本国籍取得の可否（地裁判決）　(85)
2．補充的生地主義に基づく日本国籍取得の可否（最高裁判決）　(92)
3．アンデレちゃん事件をめぐって　(100)
4．外国人が日本で提出した婚姻届書の記載訂正　(110)
5．氏の変更　(117)
6．生後認知と出生による日本国籍の取得　(122)
7．国籍法2条3号の「父母がともに知れないとき」の意義　(129)
8．新国籍法施行後平和条約発効前に朝鮮人男性により認知された者の日本国籍　(135)
9．同性婚の無効と戸籍訂正——フィリピン人事件——　(142)

第2章　国際家族法編 ··· 148
1．中国法上の養子縁組の特別養子縁組への転換　(148)
2．先決問題及び法例の規定の相互関係　(158)
3．中国法に基づく事実上の養子縁組の成否　(164)
4．中華民国法上の財産分与と国際私法上の公序　(170)
5．婚姻中の日本人とパキスタン人未成年者との養子縁組　(180)
6．渉外的代理母契約に基づく親子関係の成否　(186)
7．フィリピン法上の重婚による婚姻無効と国際私法上の公序　(192)

あとがき　(200)

初出一覧

序　論　書き下ろし

第1部　論　説

第1章「戦前の「国際家族」と戸籍─渉外戸籍法前史─」中央学院大学社会システム研究所紀要3巻（2003年）111～121頁

第2章「渉外戸籍制度の問題点」中央学院大学法学論叢17巻1・2号（通巻29号、2004年）31～50頁

第3章「認知制度の変遷と国籍法」中央学院大学創立40周年記念『春夏秋冬』（2006年）81～94頁

第4章「生後認知による日本国籍の取得について」中央学院大学法学論叢22巻2号（通巻36号、2009年）1～32頁

第5章「ある戸籍先例における反致の扱いについて（研究ノート）」中央学院大学法学論叢31巻2号（通巻49号、2018年）129～135頁

第2部　判例研究

第1章　渉外戸籍・国籍法編

1．「補充的生地主義に基づく日本国籍取得の可否」ジュリスト1042号（1994年）138～140頁

2．「補充的生地主義に基づく日本国籍取得の可否」ジュリスト1087号（1996年）162～164頁

3．「アンデレちゃん事件をめぐって」中央学院大学法学論叢9巻2号（通巻16号、1996年）115～127頁

4．「外国人が日本で提出した婚姻届書の記載訂正」ジュリスト1253号（2003年）219～221頁

5．「氏の変更」国際私法判例百選（初版、2004年）154～155頁

6．「生後認知と出生による日本国籍の取得」ジュリスト1289号（2005年）240～242頁

7．「国籍法2条3号の「父母がともに知れないとき」の意義」中央学院大学社

初出一覧　　ix

会システム研究所紀要 5 巻 2 号（2005年）251〜256頁

8.「新国籍法施行後平和条約発効前に朝鮮人男性により認知された者の日本国籍」ジュリスト臨時増刊1291号・平成16年度重要判例解説（2005年）304〜306頁

9.「同性婚の無効と戸籍訂正―フィリピン人事件」『性的マイノリティ判例解説』（信山社、2011年）223〜226頁

第 2 章　国際家族法編

1.「中国法上の養子縁組の特別養子縁組への転換」ジュリスト1107号（1997年）157〜160頁

2.「先決問題及び法例の規定の相互関係」ジュリスト臨時増刊1179号・平成11度年重要判例解説（2000年）297〜298頁

3.「中国法に基づく事実上の養子縁組の成否」ジュリスト1186号（2000年）114〜116頁

4.「中華民国法上の財産分与と国際私法上の公序」戸籍時報545号（2002年） 2〜10頁

5.「婚姻中の日本人とパキスタン人未成年者との養子縁組」ジュリスト1267号（2004年）211〜213頁

6.「渉外的代理母契約に基づく親子関係の成否」ジュリスト1335号（2007年）135〜137頁

7.「フィリピン法上の重婚による婚姻無効と国際私法上の公序」法学セミナー増刊・速報判例解説 8 巻（2011年）365〜368頁

序　論
国際家族法から見た戸籍法と国籍法

第1節　はじめに

　日本の家族法は、家族関係の変動に関する要件や効果を定めた法（民法第4編など。本稿ではこれを「家族実体法」と呼ぶ。）、家族関係の登録・公証に関する法（戸籍法など。本稿ではこれを「家族関係登録法」と呼ぶ。）、及び、家族関係をめぐる訴訟・非訟手続を定める法（人事訴訟法、家事事件手続法など。本稿ではこれを「家族関係争訟法」と呼ぶ。）の3つに分類することができ、その三者が有機的に連携しながら家族関係をめぐる法律問題を規律している。

　渉外的な家族関係の法的規律を対象とする国際家族法においては、渉外的家族をめぐる私法的法律関係につきいずれの法を準拠法として指定するかを定めた法（法の適用に関する通則法第3章第1節及び第5節～第7節など。本稿ではこれを「家族抵触法」と呼ぶ。）を上記三者に加えた4つの分野の法が緊密に連携している。もちろん、あらゆる個別のケースにこれら4種の法が関係するわけではないが、国際家族法研究者としては、これら4つの法に常に意識を向けておく必要があるように思われる。

第2節　渉外戸籍について

1　国際家族法における家族実体法と家族関係登録法の関係

　家族実体法の認める要件の下に生ずる家族関係の変動を、家族関係登録法によって登録・公証する。このような関係が存在することは、国内事例でも渉外事例でも基本的には変わらない。

　国内事例の場合には、日本の家族実体法（民法等）と日本の家族関係登録法（戸籍法）は立法上も解釈上も連携関係が確立しており、日本の家族実体

法の認める家族関係を日本の家族関係登録にそのまま正確に反映できる体制が一応整っている。

しかし渉外事例においては、事情が異なる。日本の家族関係登録法は日本の家族実体法を念頭に置いて立法されているため、それと体系や内容の異なる外国の家族実体法が認める家族関係を常にそのまま反映できるような制度設計は必ずしもなされていないのである。つまり、渉外事例においては、家族実体法と家族関係登録法との間に離齬が生ずる場合があることになる。例えば、日本の戸籍にはミドルネームを登録するシステムがなく、「氏」と「名」でしか登録することができない。そこで、ミドルネームについては、子孫に受け継がれる部分を「氏」、そうでない部分を「名」として登録する、などという便法によらざるを得ないのである。また、日本の家族法では子を「嫡出である子（婚内子）」と「嫡出でない子（婚外子）」に分類し、そのいずれであるかによって戸籍簿への記載方法が異なる（例えば、続柄欄の記載について、婚内子は両親との続柄、婚外子は母との続柄を記載する）が、婚外子差別撤廃の流れの中で「嫡出」概念を廃止した国も少なくなく、そのような国では子はもはや「嫡出である子」でも「嫡出でない子」でもないのであるが、日本の戸籍にはそのような位置づけがないため、必ず「嫡出である子」か「嫡出でない子」の何れかとして記載するしかない。

2　渉外戸籍法の特殊性

さらにそこには、日本の戸籍制度の特殊性に起因する、渉外家族関係登録制度の特殊性が関係してくる。

日本の戸籍制度は、「届出」に関する部分と「戸籍簿」に関する部分から成っているが、前者は国籍に関係なく適用され、後者は日本国民にのみ適用される、という特色を有する。よって、外国人の家族関係は届書にのみ反映され、届書によって確認・公証可能となる。他方、戸籍簿は「家族関係の登録」と「日本国民の登録」という二重の性質を持っており、同じ家族の構成員であっても、日本国籍を有しない者は戸籍には登録されない（婚姻事項や父母欄などに記載されることはあるが、それは「登録」とは異なる。なお、住民票については、元来は戸籍簿と同様に日本国民のみを記載していたが、2012年7月9日の旧外国人登

録法廃止に伴う住民基本台帳制度の改正により、今では一定の要件を満たす外国人も住民票に記載されるようになっている）。

　日本の戸籍制度の特殊性を理解するためには、その沿革を辿る必要がある（本書第1章「戦前の「国際家族」と戸籍─渉外戸籍法前史─」。また、水野紀子「戸籍制度」ジュリスト1000号163-171頁（1992）参照）。いわゆる壬申戸籍制度から現代の戸籍制度までを連続性を持ったものとして捉える発想は、特に実務家の間では強固であるように思われるが、その過程には間違いなく、いくつかの大きな断絶が存在する。一つ目は、1898年の明治民法制定と家制度の明文化に伴う戸籍制度の位置づけの変更及び身分登記・戸籍の二本立て制度化、二つ目は1914年の戸籍法改正による身分登記制度の廃止に伴う戸籍への一本化、そして三つ目は、1947年の日本国憲法施行に伴う家制度の廃止と戸籍編成原理の大幅な変更である。また、1976年の戸籍法改正に始まる戸籍公開の制限も、個人情報保護の観点からの大きな変更であると言えよう（二宮周平「個人情報の保護と戸籍公開原則の検討」立命館法学304号（2005）238〜266頁）。このような4つの大きな変更を乗り越えて、戸籍制度は（韓国におけるように廃止されることなく）存続してきたわけであるが、戸籍制度が現在でも実質的な意味での家制度として社会的に機能し続けてしまっている現実（戸籍制度に潜む家制度の残滓については、石黒一憲「人の氏名と国際家族法」家裁月報37巻9号（1985）1〜71頁、特に11頁以下において鋭く批判されている）をどう考えるのか、戸籍制度をこのままにしておいて本当にいいのか、残された課題は大きいように思われる。

3　渉外戸籍制度の具体的な問題点

　以上のような問題や制約を抱えつつも、渉外戸籍制度が日々運用されている事実に変わりはない。となれば、日常的運用のレベルで可能な対応や、部分的な制度の微調整によって改善できる部分があれば、そのような検討も行うべきであると言えよう（本書第2章「渉外戸籍制度の問題点」）。すでに述べたように、日本の戸籍法は日本の家族法との整合性の上に存在しているが、国際私法を通じて外国の家族法が準拠法として適用される場合には、諸国の家族法の多様性や日本の家族法との相違点などにより、そのような整合性が確

保できない場合がある。しかしそのような場合でも、戸籍法の適用を一律に否定することはできない。よって、特に戸籍実務の現場では、外国家族法をいかにして日本の戸籍が受け止めるか、という点を日々検討し実践しなければならない。研究者としては、そのような日々の現場の努力を受け止めつつ、それを学問的な観点からサポートし、時には批判的にとらえつつ、最終的には当事者の利益に資するような解釈運用の方向性を示していかねばならない。筆者がこれまでに公表したわずかな論考（本書第2部掲載の判例研究を参照）も、そのような姿勢の上に立って取り組んだ成果の一部である。

4　渉外戸籍法研究の新たな動向

　従来、渉外戸籍制度の研究は、戸籍実務家（法務省民事局関係者など）が中心となって行われてきており、研究者の関与は他の法分野に比べて限られたものであったように思われる。しかし近年になって、国際私法研究者による渉外戸籍制度の研究成果や、渉外戸籍をも組み込んだ体系書・判例先例解説書（佐藤やよひ・道垣内正人編『渉外戸籍法リステイトメント』日本加除出版（2007）、大塚正之著『判例先例渉外家族法』日本加除出版（2014）、奥田安弘著『国際家族法』明石書店（2015）など）が公表されている。「戸籍実務の論理」に飲み込まれず、国際家族法（国際私法）との整合性のとれた渉外戸籍制度の在り方をめぐって、今後とも検討を続けることが必要であろう。

第3節　国籍法について

1　国際家族法にとっての国籍と国籍法プロパーの研究

　国際家族法ないし国際私法にとって国籍とは、渉外的家族関係についての準拠法を決定する場所的基準である連結点の1つとして機能するものである。しかし、国籍とは元来、特定の国と国民とを結びつける法的紐帯であり、主として公法的側面において機能するものであって、国際私法はあくまでそれを借用しているに過ぎない。ただ、国籍には安定性や証明の容易さなどの実務上大きな利点があり、他の連結点（例えば常居所地法）に置き換えることが難しいと考えられているためであろうか、遺言の方式の準拠法に関す

る法律の制定に始まる国際私法関係の一連の法改正において常居所地法が採用されてからも、国際家族法の分野では最も主要な連結点として用いられ続けている（ただし、同様に近年の法改正で常居所地法を採用した中国の国際私法では、本国法より常居所地法の法が上位の連結点とされており、日本との大きな違いとなっている）。

　国際私法上の連結点という側面はともかくとして、国籍法プロパーの研究については、従来から研究者の中では国際私法学者が最も深く研究に関与してきた（例えば、江川英文・山田鐐一・早田芳郎著『国籍法〔第三版〕』（有斐閣・1997）、木棚照一著『逐条註解国籍法』（日本加除出版・2004）、奥田安弘著『市民のための国籍法・戸籍法入門』（明石出版・1997）、同『国籍法と国際親子法』（有斐閣・2004）など）。ただ、家族との関係については、二宮周平教授（「国籍法における婚外子差別の検討」ジュリスト1078号（1995）46頁をはじめ、婚外子に関わる国籍法上の問題につきいくつもの論文を公表している）などの家族法学者による研究が、また憲法との関係については憲法学者による研究（辻村みよ子著『憲法と家族』（日本加除出版・2016）第Ⅲ章第1節など）が注目される。

2　認知と国籍取得について

　国際家族法の観点から、国籍法との関係で最も興味深いテーマの一つが、認知と国籍取得との関係（特に日本の国籍法におけるそれ）である。家制度のもとでの認知は、父が子を自分の家の構成員として認めるという側面を持ち、それは確かに（家制度の不可分の一部をなすという意味では）個人の尊厳と（母子関係の成立につき分娩主義を採ることとの関係で）両性の本質的平等に反するものであったと言えよう。しかし、たとえ「認知」というタイトルの制度であっても、そこから「家」という傘を取り去り、かつ、父による恣意的な親子関係の形成を許さないような制度的調整を加えれば、個人の尊厳と両性の本質的平等に必ずしも反しないような「認知」制度に近づけていくことは可能ではないだろうか。もちろん、それは究極的には客観的な要件の下での親子関係存否確認の制度に吸収されるべきであろうが、そこに至る道として、認知制度の漸進的改革にも大きな意味があるように思われる（本書第3章「認知制度の変遷と国籍法」参照）。

なお、2008年には、最高裁判所大法廷が国籍法３条を憲法違反とする画期的な判決を出し（本書第４章「生後認知による日本国籍の取得について」参照）、その年のうちに国籍法３条が改正されて翌年から施行されている。改正後の同条では、それまで日本国籍取得の要件とされてきた準正の成立が削除され、認知と法務大臣への届出により日本国籍の取得が認められることとなった。両稿で主張しているような出生時に遡っての日本国籍取得は認められなかったものの、満20歳になるまで届出のみで日本国籍が取得できるようになったことの意味は大きいように思われる。

国籍法３条の改正から10年になるが、今後は、改正法の施行実態の分析と、さらなる改正の要否に向けた検討を始めるべき段階が到来していると言えよう。特に、立法時に議論の的となった虚偽の認知届による日本国籍取得の可能性については、その実態把握と解釈論・立法論それぞれの観点からの分析と評価が求められるであろう。

第1部

論　説

第1章　戦前の「国際家族」と戸籍
——渉外戸籍法前史——

第1節　はじめに

1　渉外戸籍との出会い

　筆者は大学院在学中から国際家族法を専攻してきたが、わが国の国際家族法に関する成文法規の中心をなす法例には、戸籍実務上の便宜を考慮した規定が見られる。いわゆる「日本人条項」と呼ばれるもので、法例13条3項但書や16条但書がそうである。また、法例28条1項但書にも同様の趣旨がうかがえる。それらの規定（あるいはもっと全体的に法例の国際家族法分野の規定）について理解を深めるためには、渉外戸籍実務に関する見識を深めることが必要であるということは、以前からうすうす認識していた。ただ、父が法務省に勤務していた関係で戸籍関係の書籍には小学生の頃からある程度親しんでいたとはいえ、戸籍実務という未知の世界に研究者として真正面から斬り込んでいく勇気ときっかけに欠けていたため、上記のような認識はごく一般論的なレベルにとどまったままであった。

　しかし、ある判例評釈[1]がきっかけとなって、やはり国際家族法の研究にとって渉外戸籍実務への取り組みは不可欠であるとの認識を新たにした。もともと筆者は、一般論的な論述よりも判例評釈のように具体的な人や事実を相手にする作業においてより一層やる気を発揮するタイプなのであるが、評釈の対象として選んだ事件の前提として特定の戸籍先例が存在する場合、その先例を正確に分析することなしには、その判例の評釈もまた不完全なものに終わってしまう。そして、戸籍先例は判例法以上に不透明で複雑な存在であり、個々の先例の理解のためには渉外戸籍先例の全体像を一通り把握してお

（1）　渉外判例研究会において報告した上で、「中国法上の養子縁組の特別養子縁組への転換」ジュリスト1107号（1997）157頁として公表済である。

10　第1部　論　説

く必要がある。当たり前のことではあるが、そのことを改めて実感した。

　そこで筆者は、まず手始めとして、渉外戸籍の沿革についてごく大雑把に
でも把握しておくべく、本稿の執筆を思い立ったというわけである。

2　渉外戸籍とその研究

　渉外戸籍の意義については、論者によって説明の仕方は異なるが、短く言
えば「戸籍のうち渉外的要素を有するもの」のこと、あるいはより丁寧に言
えば、「行為の主体（届出の事件本人）の一部若しくは全部が外国人であるも
の、又は身分行為（筆者注・家族法上の法律行為）の行われた場所若しくは身分
変動（筆者注・家族法上の地位の変動）の事実の発生した場所が外国であるよう
な渉外的要素をもった身分関係（筆者注・家族法上の法律関係）に関する戸籍の
届出・審査・受理・公証という一連の事務手続の全体」のことである、とい
えばよいであろう。

　国境を越えた家族関係は古来から存在しており、それは明治初期における
全国的戸籍制度（いわゆる壬申戸籍）の整備以来、戸籍面にも現れて来たので
あるが、第二次世界大戦以前においては、渉外戸籍の問題はあまり正面から
研究対象とされてこなかったようである。

　そのことを推測させる事実の一端を示すと、筆者が2002年9月に国立国会
図書館のオンライン検索で「渉外戸籍」をキーワードにして発行年代順に検
索をかけたところ、最初に出てくる和図書は、六信哲二郎著『渉外戸籍先例
精義』（日本加除出版・1959）であり、1980年代以後はそれなりの数の文献が見
つかったが、戦前の文献は1件もヒットしなかった。和雑誌文献についても
同様に検索したが、見つかったのは主に1990年代以後のものであり、戦前の
文献は1件もヒットしなかった。他方、戦前の戸籍法に関する体系書などを

（2）　島野穹子「渉外戸籍（1）渉外戸籍法序説」戸籍691号（1999）2頁。
（3）　西堀英夫『渉外戸籍をめぐる諸問題』（法務研究報告書第68集第1号、法務総合研究所・
　　　1981）1頁。
（4）　例えば、これは明治初年の例ではなく、また実例そのものでもないが、鎌田正行編『身分登
　　　記及戸籍記載例』（1904）71頁には、「外国人ト婚姻シタル登記例」として、日本人男性（氏名
　　　は仮名ではなく「氏名」と記されている）とドイツ人女性（氏名は「ノイベルヒ（姓）、ヘルミ
　　　ー（名）」と記されている。

見ると、明治時代前半の文献では国際結婚などの渉外的身分行為と国民分限（国籍）との関係に触れるものが少なからずあり、また、明治後半以後の文献では日本人の海外での届出や国籍の得喪についてはある程度の頁を割いて説明してあるものの、それ以外の渉外戸籍問題にはあまり関心を払っていないように見受けられた。

3　本稿の目的と意義

　戦前のわが国で渉外戸籍の研究が盛んでなかった第一の原因として考えられるのは、渉外的家族関係の発生が少なかったことである。確かに、第二次世界大戦後、旧日本領であった朝鮮や台湾が日本から分離され、それらの出身者が外国人となったことによって、わが国における渉外的家族関係の発生数は飛躍的に増加した。それに比べて戦前は、それらの人々が日本国民であっただけでなく、日本国民との家族法上の法律行為（婚姻など）による日本国籍取得により、渉外的家族関係発生の可能性が制度的にも事実上も抑制されていたということができよう。

　しかし、原因はそれだけだろうか。筆者にはそうは思われない。戸籍制度の中にも、そのもう１つの原因があるのではなかろうか。そこで本稿では、戦前の戸籍制度の特色を確認することによって、上記の疑問に自分なりに答えてみようと考える。

　以上に述べたように、本稿はある意味で自問自答をなすものなのであるが、本稿の意義がそれに限られるとは考えていない。戸籍制度の特色は戦前の戸籍制度に由来する面があり、戦前の戸籍制度を観察することは、現在の戸籍制度の理解をも深めることにつながると考えるからである。

　なお、本稿では明治以後、第二次世界大戦前の戸籍制度を検討の対象とするが、中でも特に1898年の戸籍法に注目することとなる。これは、同法によって導入された身分登記制度と、その後の1914年戸籍法制定の際における同制度の運命が、渉外戸籍を含めた戸籍制度全体に大きな影響を与えたのではないかと筆者は考えるからである。他方、第二次世界大戦までの戸籍関係法

（5）　従って内地人と朝鮮・台湾人との間の家族関係は国内的なものとして、せいぜい準国際私法（わが国の国内法としては旧「共通法」）上の問題として扱われたに過ぎなかった。

12 第1部 論 説

令のうち、本稿の目的と関係の薄いものについては特に触れないことにしたいので、その点についてもあらかじめご了承願いたい。

第2節 戸籍法の変遷と渉外戸籍

1 明治初期〜中期の戸籍制度（1872年式戸籍、1886年式戸籍）

（1）概 要

わが国では明治初期に全国規模の戸籍制度として1872年式戸籍[7]がスタートしたが、これは、かつて律令制度に伴って採用された戸籍制度や、江戸時代の人別帳などと同様に、行政目的のものであった。1871年の太政官布告では、次のように述べられている。

「戸数人員ヲ詳ニシテ猥リナラサラシムルハ政務ノ最モ先シ重スル所ナリ夫レ全国人民ノ保護ハ大政ノ本務ナル事素ヨリ云フヲ得（筆者注・埃の誤りか）タス然ルニ其保護スヘキ人民ヲ詳ニセス何ヲ以テ其保護スヘキ事ヲ施スヲ得ンヤ是レ政府戸籍ヲ詳ニセサルヘカラサル儀ナリ又人民ノ各安康ヲ得テ其生ヲ遂ル所以ノモノハ政府保護ノ庇蔭ニヨラサルハナシ去レハ其籍ヲ逃レ其数ニ漏ルヽモノハ其保護ヲ受ケサル理ニテ自ラ国民ノ外タルニ近シ此レ人民戸籍ヲ納メサルヲ得サルノ儀ナリ」[8]

すなわち、国民の保護は政治の重要な役割だが、それを全うするためには国民を把握することが必要だ、逆に、国民が安心して生活できるのは国の保護によるのだから、国に把握されまいとするような輩は保護に値しない、というわけである。

その場合の「行政目的」の具体的内容としては、明治初期においては、脱籍浮浪者の取締りや国民の居住交通についての制限監視[9]、人口の静態・動態の把握[10]、あるいは徴税[11]というようなことが念頭に置かれていたようである。

（6） 例えば中川善之助著『戸籍法及び寄留法』（日本評論社・1940、翌年新装版発行）11〜13頁のリストを参照。

（7） その根拠となった1871年4月4日の太政官布告は翌1872年に施行されたが、その1872年が壬申の年であったため、一般的には壬申戸籍と呼ばれている。

（8） 新見吉治『壬申戸籍成立に関する研究』（日本学術振興会・1959）549〜550頁。

（9） 福島正夫・利谷信義「附録 明治前期における戸籍制度の発展」福島正夫著『「家」制度の研究 資料編Ⅰ』（東京大学出版会・1959）33頁。

しかし、陸軍が施行した徴兵令が国民の反感を買い、戸籍制度の不備をついて徴兵を逃れようとする傾向が生じるにつれて、徴兵制の実効性をあげるための戸籍制度改革という要求が軍部から出されるようになる。そして、明治末に発行されたある戸籍法の文献では、戸籍制度を設けることを必要とする行政上の目的の筆頭に、徴兵適齢者の取り調べが挙げられている。ただ、いずれにせよ、明治時代の戸籍制度は、その出発点においては国民の把握という行政目的を第一とするものであって、現在のような身分関係を把握するための制度という機能はあくまで付随的なものに過ぎなかったということになろう。

　なお、1886年には、省令及び訓令の形で戸籍制度の実質的改革が行われ、除籍制度、登記目録、届出懈怠者処罰規定などが新設され、また寄留制度が明確化されるなどしたが、住所を基準とする国民登録制度としての性格に変化は無かった。

（2）渉外戸籍

　では、この時期において渉外戸籍はどのような扱いを受けていたのか。この時代の戸籍法の文献を眺めてみると、渉外戸籍関係の内容としてスタンダードに扱われていたのは、国際結婚などの国際的な家族法上の法律行為くらいであった。例えばある文献では、「外国人トノ結婚」「外国人トノ離婚」「外国人ヲ養子トス」「外国人ノ養子トナル」「外国人ニ係ル私生児（婚外子）」の項目がたてられており、それぞれについて、かかる行為の可否や日本政府の許可（允許）の要否、国民分限（国籍）の変動などが述べられている。筆者

---

(10)　平賀健太「戸籍制度について」5頁（全国連合戸籍事務協議会編『戸籍制度八十周年記念論文集・身分法と戸籍』（帝国判例法規出版社・1953）301頁）。

(11)　法務大臣官房司法法制調査部監修『法典調査会戸籍法議事速記録（日本近代立法資料叢書26）』（商事法務研究会・1985）2頁。

(12)　福島／利谷・前掲注9・52頁以下。

(13)　島田鉄吉述『戸籍法』（法政大学・1908）8頁。

(14)　福島／利谷・前掲注9・44～45頁。

(15)　同年9月28日内務省令19号「戸籍第5則出生死去出入等届出方及寄留者届出方並違背者処分ノ件」、同年10月16日内務省令22号「戸籍取扱手続」、同年同月内務省訓令20号「戸籍登記書式」。

(16)　高妻新『全訂　体系・戸籍用語事典』（日本加除出版・1989）108頁。

(17)　弾舜平編『戸籍類纂（民法）』（柳原喜兵衛・1878）216頁他。

(18)　例えば、日本人と外国人との結婚については1873年3月14日の太政官布告103号（外国人ト

14 第1部 論 説

が今のところ目にしたその他の文献でも、取り上げられている内容は上記の[19]
範囲を超えるものではなかった。なるほど、外国人の国内在住という状況が
今日ほど一般的ではなく、かつ渉外関係の法令（国際私法や外人法など）も不
備な当時においては、外国人を日本の「家族」の一員として迎え入れるため
には、その者に日本人としての地位（分限）を与えるしかないという発想に
なっても仕方ないと言えようか。ただ、その背後に、元来は国民把握の手段
として設けられた戸籍がその後家族関係を把握する手段として充実発展して
いったのみならず、包括的な家族法立法の成立が遅れる中、いわば家族手続
法であるべき戸籍法を中心としてわが国の家族法が整備されてきたという歴
史的事実が、何らかの形で影響しているのではないかと、筆者は考える。

2 明治後期〜大正初期の戸籍制度（1898年式戸籍）

（1）概 要

上に述べたように、1898年の民法が施行されるまで、わが国には実体家族
法についての包括的な成文法規は存在しなかった。そして、その穴を実際上
埋めて来たのが戸籍制度であった。戸籍制度は、戸籍編成のための手続法で
ありながら、現実には実体規範として機能していたわけである。[20]

1898年の民法及び戸籍法が施行されるに至って、戸籍法はある意味では民[21]

　婚姻差許条規）により日本政府の允許が必要であるが、允許を得て外国人に嫁した日本人女性
　は日本人としての分限を失うものとされた。また、外国人に嫁した後は日本の不動産の所有が
　禁止されたが、日本の法令に反しない限り金銀動産の所持は許された。逆に、外国人男性が日
　本人の婿養子になるにも政府の允許が必要だが、允許を得て婿養子になると、日本人としての
　分限を認められた。この布告は、後に1898年の「明治6年第103号布告改正法律（外国人ヲ養子
　又ハ入夫ト為スノ件）」により改正され、日本人が外国人を養子または入夫とする場合に（限っ
　て）内務大臣の許可を要することとされるに至った。そして、この取り扱いは、1950年国籍法
　の施行に伴う戸籍法改正の際に廃止されるまで続いた。なお、わが国籍立法の沿革については、
　日本加除出版株式会社出版部編『全訂　国籍と渉外戸籍』（日本加除出版・1991）13頁以下にに
　簡潔にまとめてあるので参照した。
(19)　大森敬之編『官民必携戸籍大成』（一枝堂・1879）68頁、山本光之助編述『通俗戸籍要覧自
　明治元年至同十二年』（律書房・1879）2章10款、戸田十畝編『現行戸籍全書』（大阪同盟社・
　1884）149頁、太田嘉一編「戸籍提要」（新居政七・1886）99頁以下。
(20)　福島／利谷・前掲注9・28頁。
(21)　民法は1896年法律89号及び1898年法律9号、戸籍法は1898年法律12号。ともに1898年7月16
　日施行。

第1章　戦前の「国際家族」と戸籍　　*15*

法の附属法的な位置付けを与えられた。民法が届出婚主義を導入することによって、戸籍は家族関係の登録公証手段としての機能を前面に押し出されることになった。しかしそれでも、「国民を把握するためのシステム」という壬申戸籍以来の伝統は何ら妥協することなく受け継がれた。そこに皇統譜との関係をも加味するならば、この時期の戸籍制度は、国民（臣民）の登録制度であるという範囲内において、家族関係を登録公証する制度として確立したということになろう。[22]

　この戸籍制度の最大の眼目の１つは、身分登記制度と戸籍制度の二本立ての制度という点である。戸籍制度が（その具体的な内容はともかくとすれば）いわゆる「家」ないし「家族」を単位とする家族関係登録制度であるのに対して、身分登記制度はいわば個人別・事件別の家族関係登録制度である。そのような制度のアイデアは明治初年からあった。[23]ただ、戸籍制度が明治初年以来行われてきており、しかも家制度が（法制度の面からのみならず、教育などの面でも）着実に定着しつつあったわが国において、個人別や事件別の家族関係登録制度を定着させることはかなりの困難を伴うであろうことが予想される。ところが、そんな個人別・事件別家族関係登録制度が表舞台に立ったきっかけが、1898年の民法（親族編・相続編）制定であった。民法は、家制度を中核に据えながらも、家族法上の法律行為の主体を当事者本人とし、戸主には同意権を与える[24]という形での、いわば「戸主による家族の間接支配」の形を採用した。それは、個人主義的なフランス民法などに幾らかでも影響された結果であろう。そして、家族関係登録制度についても、やはり欧米の身分証書制度の影響を受けて登場したのが身分登記制度である。[25]のみならず、身分登記制度が導入される過程では、身分登記こそがこれからの家族関係公証制度であって、戸籍制度は暫定的・経過的な制度である、という認識すら一部では示されていたのである。[26]ただ、1898年戸籍法の成立過程では、戸籍制

---

(22)　他方、1899年に国籍法が公布・施行されることによって、戸籍法は国籍法ともリンクされた存在となった。

(23)　福島／利谷・前掲注9・63頁以下。

(24)　戸主の同意を得ない婚姻等に対しては、戸主に離籍や復籍拒絶の権利を認めるという形で対応した。

(25)　中川・前掲注6・7頁、島野・前掲注2・6頁。

(26)　福島／利谷・前掲注9・66頁。なお、平賀・前掲注10・5〜6頁では、「事件別の身分登記

16 第1部 論 説

度と身分登記制度との関係は議論の対象となった。例えば、法典調査会の審議では、身分登記では1人の者の家族関係全体を調べるのに数個の登記簿を見なければならず不便ではないか、との疑問が提示されており、それに対して、戸籍と併用することによって補うから大丈夫である、という回答がなされている。また、制度改正に伴う費用の問題についても質問がなされ、対応可能であるとの回答がなされている。

　このようにして成立した1898年戸籍法は、「戸籍法」という名称ではあったものの、その内実は「身分登記及び戸籍に関する法律」であった。そして、戸籍と身分登記の関係について言えば、一方が他方に従属する関係というよりは、互いに対等な関係であったと言えるであろう。いやむしろ、家族関係の届出があった場合には、まず身分登記簿に登記し、次にその登記内容に基づいて戸籍簿の記載をする、という考え方が採用されたことからすると、身分登記が本であり、戸籍は末である、とすら言い得るように思われる。

（2）　渉外戸籍

　では、1898年戸籍法で渉外戸籍はどのように扱われたのか。

　1898年戸籍法の規定内容（附則を除く）は、届出に関するもの（第4章、第7章）身分登記に関するもの（第2章、第3章）、戸籍に関するもの（第5章、第6

　の制度はついにわが国では実を結ばなかった」「なるほど西欧風の身分登記制度も…1898年式戸籍において…在来の戸籍制度とともに併用されはしたが、これは1914年式戸籍においては結局廃止されるべきものであった。結果的に見れば身分登記制度はわが国においては一時期試験的に採用されたにすぎない」などとしており、また別の箇所では「明治の法制は…身分登記制度は結局これを採用しなかった」とも述べている。しかし、このように言ってしまっていいのか、筆者には大いに疑問である。

(27)　法務大臣官房司法法制調査部監修・前掲注11・15頁。

(28)　法務大臣官房司法法制調査部監修・前掲注11・3〜5頁。

(29)　島田・前掲注13・2頁。

(30)　1898年戸籍法178条「戸籍吏カ身分登記ヲ為シ又ハ戸籍ニ関スル届出ヲ受理シタルトキハ次条以下ノ規定ニ従ヒテ戸籍ノ記載ヲ為スコトヲ要ス」同179条1項「家督相続又ハ家督相続回復ノ登記ヲ為シタルトキハ其登記及ヒ前戸主又ハ戸主ノ名義ヲ有セシ者ノ戸籍ニ基キテ新戸主ノ戸籍ヲ編製スルコトヲ要ス」同185条1項「前六条ノ場合ヲ除ク外身分登記ヲ為シ又ハ戸籍ニ関スル届出ヲ受理シタルトキハ其登記又ハ届出ニ基キ第百七十六条ニ掲ケタル事項ヲ戸籍ニ記載スルコトヲ要ス」

(31)　島田・前掲注13・23頁。

第1章　戦前の「国際家族」と戸籍　　*17*

章）、その他（第1章、第8章、第9章）、の4つに大別することができるが、そのうちまず届出については、家に関する届出（家督相続、入籍、離籍、復籍拒否、分家、廃絶家再興、氏名族称ノ変更、及び隠居に関する届出）に関する規定は日本人のみに適用されるが、それ以外の届出（認知、縁組、離縁、婚姻、離婚、出生、死亡、失踪、嫡出子否認、後見の届出）に関する規定は、外国人にも適用された。[32]

次に身分登記に関する規定は、日本人だけでなく、日本の領域内にいる外国人にも適用された。[33] 身分登記簿は、本籍人身分登記簿と非本籍人身分登記簿の2種類に分けられていたが、非本籍人の中には外国人も含まれると解されていたため、外国人はすべて非本籍人身分登記簿に登記すべきものとされていた。[34]

最後に戸籍に関する規定は、日本人のみに適用された。これは身分登記にも関係することであるが、1898年戸籍法では、戸籍編製の原則を定めた170条1項に続く同条2項として、明文で「日本ノ国籍ヲ有セサル者ハ本籍ヲ定ムルコトヲ得ス」とされていた。[35] まずは「本籍」という概念が前提となっていて、外国人は本籍を定めることができないから戸籍をつくれない、というわけである。

では、なぜ外国人は本籍を定めることができないのか。戸籍とは日本国民の家族関係を登録するための制度であるから、というのもひとつの理屈であろうし、確かに起草段階での質疑において政府側は、国籍に絡めて170条2項の立法理由を説明している。[36] しかし、少なくとも明文では、国籍ではなく本籍が出発点となっている。これは、本籍の概念設定の仕方に理由がある。つまり本籍とはいわば「家」の住所をいう。[37] ここでいう「家」とは、1898年戸籍法以後のわが国の法制度においては、現実の生活共同体のことではなく、血縁により結ばれた抽象的な共同体、あるいは戸籍上の形式的な団体を[38]

---

(32)　二口秀明編『戸籍質疑録摘要類纂』（1909）1頁。
(33)　島田・前掲注13・21頁。
(34)　島田・前掲注13・25頁、島野・前掲注2・6頁。
(35)　「戸籍ハ戸籍吏ノ管轄地内ニ本籍ヲ定メタル者ニ付キ之ヲ編製ス」
(36)　法務大臣官房司法法制調査部監修、前掲注11・60～61頁。
(37)　中川・前掲注6・17頁。
(38)　竹内昭夫他編『新法律学辞典［第三版］』（有斐閣・1989）15頁。

18 第1部 論 説

意味した。そして、「家」とは日本人によって組成されるものであるということがすべての前提とされていたのである。ここには、戸籍制度がもともと国民を把握するという行政目的の制度として出発したことの名残りが見受けられる。

このようにして全体的に眺めてみると、1898年戸籍法のうち「家」に関する規定は日本人だけに適用され、それ以外の規定は外国人にも適用されていた。

3 大正初期～昭和前期の戸籍制度（1915年式戸籍）

（1） 概 要

その後戸籍法は、1914年に大規模な改正を受けることになる。その最大の眼目は、身分登記制度の廃止と戸籍への一本化であった。

身分登記制度廃止の理由については、2つの面から説明された。その1つは、身分登記制度は欧米の個人主義思想に影響された制度であり、家族制度を根幹とするわが国の国情には合わない、というものである。このような考え方は、帝国議会における委員会審議の場でも、複数の政府委員によって述べられている。

もう1つの理由は、身分登記制度は手数や費用がかかる割には有効に活用されておらず、不合理である、というものである。この点についても、帝国議会における委員会審議の場で政府委員から説明がなされているが、この点をめぐっては議員と政府委員との間で議論の的となっている。

---

(39) 中川・前掲注6、1頁では、「人はわが国籍を有する限り必らず何れかの家に属してゐる筈である」としているが、この考え方は少なくとも1898年戸籍法の段階から変わっていない筈である。

(40) 1914年法律26号、1915年施行。

(41) 澤野民治『改正戸籍法註解・全』（有斐閣・1914）自序1～2頁、本文2～3頁。

(42) 例えば、第31回帝国議会衆議院戸籍法改正法律案外三件委員会議録（筆記）第2回（1914年2月26日）において政府委員小山温は次のように述べている。「戸籍簿ハ家毎ニ出来テ居ル、日本ノ家族主義ニ能ク合スルヤウニ戸主ヲ本トシテ出来テ居リマス」

(43) 澤野・前掲注41・3頁。

(44) 第31回帝国議会衆議院戸籍法改正法律案外三件委員会議録（筆記）第2回（1914年2月26日）における政府委員・鈴木喜三郎の発言によれば、1910年4月から1911年3月までの1年間に東京区裁判所管内で身分登記のために膳本を請求した件数は1098件、閲覧申請が32件、抄本

第1章　戦前の「国際家族」と戸籍　　*19*

（2）　渉外戸籍

では、1914年戸籍法で渉外戸籍はどのように扱われたのか。

1898年戸籍法で採用されたばかりの身分登記制度が廃止されたため、1914年戸籍法の主な構成は届出（第4章）と戸籍簿（第2章、第3章）の二本立てになった。そのうち戸籍簿については、従来通り、日本人のみを登記すべきものとされたが、規定上、それは当然のことであるという理由で、1898年戸籍法170条2項に相当する規定は置かれないものとされた。[(45)]

他方、届出に関する規定は、特に明文の断り書きはないものの、引き続き外国人にも適用された。のみならず、1914年戸籍法とあわせて寄留法が公

請求が64件であるのに対して、戸籍謄本の請求件数は113237件、抄本請求が38330件、閲覧請求が8983件となっている。しかも、身分登記謄本請求1098件のうちの838件は身分登記変更申請のためであったという。つまり、身分登記は戸籍に比べて著しく利用度が少ない上に、身分関係の公証という本来の目的での利用はそのまたごく一部に過ぎないというわけである。また、やはり鈴木政府委員の発言によれば、身分登記簿は永久保存とされていたため、例えば東京地方裁判所では庁舎の4階が身分登記簿で溢れ、3階をも借りなければならない状態であって、保管場所に苦労している、とのことである。そして、現場の戸籍吏たちも身分登記簿は「徒ラニ労多クシテ、其効少ナシ」との声が強いとのことであった。これに対しては、同日、島田俊雄委員から、身分登記制度に問題があるならそこを改善して制度自体は存続させることもできるのではないか、また、重要な制度の改正如何を考える際に少額の費用の節減とか現場の声ばかりに耳を傾けるべきではない、との反論がなされ、実施後それほどたっていない身分登記制度の全廃について政府の真意を質す質問がなされているが、それに対して政府委員は、1898年戸籍法は民法施行にあわせて「一夜作リノ法律ト云フヤウナ事情デ戸籍法ト云フモノハ制定サレ」たと述べ、戸籍法の根本的な目的（戸の籍を明らかにし、個々人の身分を明らかにすること）は身分登記を廃止しても十分に達成できると答えている。

(45)　31回帝国議会衆議院戸籍法改正法律案外三件委員会議録（筆記）第3回（1914年2月28日）において、加瀬委員が170条2項削除の理由を質したのに対し、司法省の山内確三郎参事官は「外国人ガ日本ニ本籍ヲ定ムルコトヲ得ズト云フ項ヲ削ツタト云フ次第ハ九条ノ一項デ分ル、ト云フノハ戸主ヲ本トシテト云フ文字ガアレバ、モハヤ外国人ト云フコトハ削ツテモ宜カラウ、ノミナラズ此事ハ実ハ当然デアル、加ヘテ戸主ト云フ文字ガアルカラ、此際削ラウト云フダケノ趣意デアリマス」と答えている。明治以来の戸籍の基本的な考え方、つまり国民を把握するための制度として戸籍をとらえる考え方からすれば、確かに「当然」であるのかもしれない。ただ、戸主という文字があれば外国人は含まれないということに何故なるのか。「外国人は戸主になれない」という明文規定があればともかく、筆者の認識する限りでは当時そのような規定はなかったはずである。ただ、例えば外国人男性が日本人女性と入夫婚姻をする場合には、その外国人男性は婚姻により、当時の国籍法（1899年国籍法5条2号）に基づいて日本国籍を取得するから、結果的には外国人が戸主になることはない、ということであろうか。この点については上の質疑のすぐ後で、長島委員から再度、戸主を本とするから旧法170条2項のような規定は必要ないということか、と質問がなされ、政府委員（鈴木喜三郎）は「外国人ガ日本ニ戸籍ヲ持ツト云フコトハナイカラ・・・」と答えているが、やはり同じ趣旨の回答であろうか。

20　第1部　論　説

布・施行され、寄留制度が整備されたのにあわせて、1914年戸籍法では、外国人に関する届出は寄留地又は所在地でなすものとし、所在地の市町村長は届出を受理したときは寄留地の市町村長へ送付するものと規定された (44条)。つまり、外国人に関する家族関係の情報を (日本人における本籍に準じて) その寄留地に集めるという考え方を採用したわけである。

第3節　考　察

1　国民登録制度としての戸籍

　わが国の戸籍制度は、明治初期から大正初期の間に、住所を基準とする戸口登録制度から、現実の住所にとらわれない抽象的な「家」の所在地である本籍を基準とする家の登録簿へと変化してきた。しかしそれでも、国民を対象とする国民登録としての性格は維持されてきた (そして今でも維持されている)。となると、国民登録と家族登録という2つの性格が衝突する場合が出てくる。国際家族がそれである。戸籍制度はその場合、実質的には家族であっても日本国籍を持たない者は「家」の構成員として認めようとしなかった。つまり、家族関係よりも国籍を優先させたわけである。それでも、家族法上の法律行為による国籍変動が制度化されていた戦前は、国際家族の分断という事態はそれほど見られなかったのかもしれない。しかし、家族法上の法律行為による国籍変動が廃止された今でも同じ考え方が踏襲されているために、国際家族の登録上の分断という事態が生じている。そして、そこに出入国管理上の問題などが絡み、困難な問題を提起している。

　そんなことを考えていると、ここで今一度、家族関係登録のあり方について再検討する必要があるのではなかろうか、と思えてくる。また、日本国籍を証明する正式な書類が制度上規定されていないというのもおかしな話であろう。今後の議論の展開を期待したい。

---

(46)　寄留制度はもともと1871年戸籍法において規定され、それが1886年の戸籍制度改革や1898年戸籍法の下でも生き延びて、やっと1914年戸籍法制定の際に寄留法 (1914年法律27号、戸籍法と同じ1915年4月1日に施行) という形で単行法典化されたものである。

(47)　従来わが国では「身分登録」の語が用いられて来たが、「身分」の有するニュアンスへの違和感を禁じ得ないため、「家族関係登録」と言い換えることにした。

2 身分登記簿の評価

上でも述べたように、わが国の戸籍法は家族単位の国民登録制度として発展してきた。しかし、1886年式戸籍で登場した登記目録の制度を踏襲しつつ1898年戸籍法で登場し、1914年戸籍法で消滅した身分登記制度は、個人単位・事件単位の家族関係登録制度として、戸籍制度とはまったく異質なものをわが国の法制度の中に持ち込もうとした。そしてそれは、少なくとも導入の当時には、かなり積極的な評価を受けていたのである。しかし、わが国では明治初年以来、天皇制国家の一翼を担う存在として家族が重要視され、家族主義的な国民教育が推進された結果、1898年戸籍法が施行された段階では、すでに個々人の家族関係を家を通して見る見方が浸透してしまっていた。身分登記制度の勝算は初めからなかったといってもよいくらいなのである。もし身分登記がわが国でもっと受け入れられるような状況が存在したならば、現時点での家族に関する人々の考え方も、もっと違ったものになっていたかもしれない、とすら思ってしまうのである。

渉外戸籍について考えても、国民のみを対象とする閉じた制度であった戸籍に比べて、身分登記は外国人にも適用される開かれた制度であった。もし1898年戸籍法の施行後、わが国の家族関係登録制度が身分登記中心に運用されたなら、渉外戸籍に関するもっと幅広い実務上の経験が蓄積されたのではないか。

そのような意味で、身分登記制度は、近代のわが国に実在した個人別・事件別家族関係登録制度として、もっと注目されて然るべきであると筆者は考える。現行法からすると1898年戸籍法は旧旧法であるし、身分登記簿自体も現在では身近なものではなくなってしまった。しかし近年、戸籍制度の改革の提案として、個人別登録制度が提案されるようになってきたことを考えると、過去のわが国で実際に事件別登録制度が運用されていたという事実は、とても重みを持ってくるのではなかろうか。法制史の観点からも、身分登記制度についての研究がもっと盛んになることを願わずにはいれらない。

---

(48) 身分登記簿は1914年戸籍法施行後も保存され、身分事項の補記や閲覧、謄抄本の交付等に利用されていたという。しかし、身分登記簿の閲覧や謄抄本の交付は、1976年11月5日の法務省令48号により、同年12月から廃止されている。

3 おわりに

　以上、渉外戸籍制度について今後研究を進めるための前提作業として、戦前における渉外戸籍の状況について、筆者にとって気になる点を中心に若干の検討を行った。以上の検討結果を踏まえて、今後は、今現在の渉外戸籍実務において生じている問題に取り組んでいきたい。

第2章 渉外戸籍制度の問題点

第1節 はじめに

　筆者の専門は国際私法を含めた国際家族法であるが、国際家族法の解釈論を展開していくとき、渉外戸籍実務が一種の壁となって国際私法の理念の実現が阻害されることがある。その壁を突破するためにも、国際家族法学者にとって、渉外戸籍実務に関する理解を深めることは必須であるといえよう。そこで本稿は、渉外戸籍制度の抱える問題点のうちいくつかを取り上げて概観し、今後のさらなる検討につなげることを目的とする。[(1)]

第2節 戸籍の意義と性格

　戸籍とは、「国民各個人の身分関係（大村注・家族関係）を明確にするためにこれを記載する公文書」である[(2)]、あるいは、「私たち日本人の身分関係（大村注・家族関係）を公的に証明する唯一の公文書」である[(3)]、などとされている。右に掲げたもの以外の文献も含めて、おおよそどの文献の説明にも共通するのは、戸籍とは日本国民の家族関係を公証するもの、という位置付けである。

　そもそも、わが国において近代的な全国統一の戸籍制度が初めて導入された明治初年の段階では、戸籍制度は国民（当時の表現では臣民）を把握・監視するための行政目的の戸口登録[(4)]という性格が前面に押し出されていたが、そ

（1）　なお、一部、渉外戸籍関係の裁判例の検討も含まれることをご了承願いたい。
（2）　竹内昭夫他編『新法律学辞典［第3版］』（有斐閣・1989）498頁。
（3）　南敏文編著『改訂　はじめての戸籍法』（日本加除出版・2000）49頁。
（4）　家族関係登録というよりはむしろ、現行の住民票のような居住登録に近いといった方がよいであろう。田代有嗣監修・高妻新著『全訂　体系・戸籍用語事典』（日本加除出版・1989）107頁。

24 第1部 論 説

の後次第に家族関係登録としての性格を強め、明治民法の施行による家制度
の整備に伴って、「家」の登録簿 (家族関係登録簿) としての性格を決定的な
ものとした。ただ、そこでも決して国民登録としての性格が失われたわけで
はなく、「家」を媒介として間接的に国民登録としての性格が説明されてい
たに過ぎないことには注意が必要であろう。その後、第2次世界大戦後の民
法等の改正により、法律上の制度としての家制度は廃止されたが、そのこと
によって、戸籍の持つ国民登録としての性格は再び前面に押し出される形と
なった。加えて、戦後の米軍駐留、旧日本領であった朝鮮半島と台湾の分離
独立、1950年代以降の経済発展による人的交流の増加、特に移住労働者の増
加などにより、国外での日本国民を当事者とする家族関係事件や、日本国内
での外国人を当事者とする家族関係事件が増加したことによって、戸籍制度
は、国民登録と家族関係登録の二つの性格を持つ登録制度として、それらの
身分関係に日々取り組まざるを得ないこととなったわけである。

第3節 渉外戸籍の難しさ

「戸籍実務が、最も困難とするものの一は、渉外的関係を有するものとい

---

(5) 大村芳昭「戦前の「国際家族」と戸籍」中央学院大学社会システム研究所紀要3巻 (2003)
112頁以下、南・前掲注3・52〜53頁参照。

(6) 例えば、中川善之助著『戸籍法及び寄留法』(日本評論社・1940) 1頁では、「戸籍とは人の
重要な身分法関係」を証明する公正証書であって、一定の手続き及び形式に従い、家を単位と
して編製せられたものである (筆者注・同書については、漢字及び仮名表記を一部現代のそれ
にあわせた。以下同書引用箇所につき同じ)」としており、そこは「国民」「日本人」などの表
現はない。しかし、同書・同頁の後半では「人はわが国籍を有する限り必ず何れかの家に属し
ている筈であるから、日本人の身分法関係はその者の本籍地に就いて戸籍を一覧すれば悉く明
瞭になるわけである。」としていることからすると、戸籍によって身分関係を証明されるのは、
何れかの家に属している日本国民 (だけ) である、との前提がそこにはあったと解するのが妥
当であろう。

(7) 1898年の戸籍法は、家単位の登録簿としての戸籍簿と事件別登録簿としての身分登録簿制度
を併用しており、後者については外国人も適用対象となっていた点につき、大村・前掲注5・
115頁参照。

(8) ただ、それが極めて不徹底なものに過ぎなかったことを指摘する文献として、例えば、山下
泰子他著『法女性学への招待 [新版]』(有斐閣・2000) 68〜69頁、福島瑞穂著『結婚と家族』
(岩波書店・1992) 50〜51頁、高橋菊江他著『夫婦別姓への招待面 [新版]』(有斐閣・1995)
175頁などを参照。

第2章　渉外戸籍制度の問題点　*25*

えよう」と戸籍実務家自身が認めるように、戸籍実務の中でも渉外戸籍は特に難解かつ困難な分野である。それはいったい何故なのか。

　戸籍法は家族関係を登録公証するための手続法である。一般的に手続法はその国の実体法と整合的になるよう立法されており、わが国の戸籍法の場合も、わが国の民法や国籍法との整合性を保つように立法されている。その一方で、特に家族法の分野は、各国の人種・宗教などの社会的背景による影響を多分に受けやすく、しかも家族法は財産法と異なり、経済合理性のような共通の基盤を持ちにくいことから、各国の家族法の内容は実に多様であり、容易に統一することは望めない状況にある。ということは、渉外戸籍実務においては、わが国の家族法にあわせて立法された戸籍法を、それとまったく異なる外国法に基づく身分関係をも登録ないし公証するために運用しなければならない、ということになる。それだけでも大変だというのに、戸籍は国民登録簿という性格を持っており、外国人は記載することができないので、国籍の認定という厄介な作業も待っている。このような、通常の（国内の）戸籍では悩む必要のない二重の問題に直面せざるを得ないところに、渉外戸籍の困難さがある。

第4節　渉外戸籍事務の一般的な手順

　ここで、渉外戸籍事務の一般的な流れを確認しておこう。

　戸籍事務を処理する場合の基本的な流れは、「家族関係の当事者などからの届出　→　市町村長による届書の受付　→　受け付けた届書の審査　→　審査の結果、要件を満たしているものについて下される受理処分　→　受理した届書の記載に基づく戸籍への記載　→　届書等の保存」である。そし

（9）　六信哲二郎著『渉外戸籍先例精義』（日本加除出版・1959）1頁（はしがき）。

（10）　例えば離婚について言えば、夫による一方的な宣言により離婚（タラーク）を認める一部のイスラム諸国の例もあれば、別居や婚姻無効は認めるものの離婚は一切認めない一部のカトリック諸国の例もある。タラークについては、大村芳昭「イスラム家族法入門」ケース研究246号（1996）40〜41頁参照。なお、各国の家族法の内容を比較するために有用な文献としては、木村三男監修・竹澤雅二郎他編著『渉外戸籍のための各国法律と要件』（日本加除出版・1996）、黒木三郎監修『世界の家族法』（敬文堂・1991）などがある。

26 第1部 論　説

て、これらの手続に、受理の撤回、不受理、不服申立て、副本の送付などが
加わって、戸籍事務の全体をなしている。

　渉外戸籍事務についても、基本はこれと同様である。ただ、渉外戸籍事務
の場合には、国内事件とは異なる特別な配慮が必要となる場合がある。そし
て、そういう場面を個別に見ていくと、現在の戸籍制度が渉外事件に十分対
応しきれていないのではないか、という疑問が生じてくる。以下、かかる
「渉外戸籍制度の問題点」をいくつか具体的に見ていくことにする。

第5節　渉外戸籍制度の問題点

1　戸籍制度の二重の性格からくる問題点

　すでに述べたように、戸籍制度は、日本国民を登録するための制度（国民
登録）という性格と、人の家族関係を登録するための制度（家族関係登録）と
いう性格の二つを兼ね備えている。そのため、たとえ同じ家族の構成員であ
っても、日本国籍を持っていない者は戸籍に記載されず（1914年12月28日民第
893号法務局長回答）、戸籍だけからではその存在を知ることすらできない場合
もある。例えば、日本人男性が外国人女性との間にもうけた婚外子をその出
生後に認知した場合には、「出生の時に父又は母が日本国民であるとき」に
子が日本国籍を生来的に取得すると規定している国籍法2条1号の「父」と
は法律上の父を指すとの解釈により、子は原則として日本国籍を取得でき
ず、よって戸籍にも記載されない。ただ、この場合には、父の戸籍の身分事
項欄に認知事項が記載されるので、外国籍の子の存在がそこから読み取れ
る。他方、日本人男性が外国人女性との間にもうけた婚内子が外国で出生し

---

(11)　西谷祐子「渉外戸籍をめぐる基本的問題」ジュリスト1232号（2002）145頁。

(12)　江川英文他著『国籍法［第3版］』（有斐閣・1997）63頁。

(13)　しかも国籍法との関係では認知の遡及効を認めない。東京高裁1980年12日24日判決など。同
　　旨の他の判例については、道垣内正人他編『判例体系／国際私法第5巻』（第一法規）5101頁以
　　下を参照。

(14)　ただし例外的に生後認知でも日本国籍の取得を認めた判例がある。江川他・前掲注12・66～
　　68頁。

(15)　なお、以上の扱いは2008年の国籍法改正に伴って改められ、日本人父の婚外子は、父の認知
　　と法務大臣への届出があれば日本国籍を取得できるようになった。

てその国の国籍を取得し、かつ日本国籍留保の意思表示（国籍法12条）をしていなかった場合には、やはりその子は日本国籍を取得しないため戸籍に記載されず、しかも認知事項の記載のような形でその子の存在が明らかになることもない。

このような状況のもとで、戸籍制度はいかにして国民登録としての性格と家族関係登録としての性格を両立し、あるいはどちらかの性格に矛盾なく徹底することができるのであろうか。

2　外国実質法との整合性という観点からの問題点

一般的にいって、ある国の実体法と手続法、実質法と抵触法とは互いに整合性を保つように作られている。なぜなら、そうでないと自国法の認める権利・利益を自国の手続により実現することができなくなってしまい、不当だからである。そして戸籍法についてもその例外ではない。戸籍法は、日本の家族法（民法など）との整合性を保つように立法されている。よって日本の民法に基づいて認められる家族法の地位の変動などは戸籍上忠実に反映できるシステムになっている。しかし、渉外戸籍では、たとえ日本の家族法が認めていないような制度ないし効果であっても、外国の家族法が準拠法となった場合には、それに基づく届出や戸籍記載を認めざるを得ない場合がある。例えば、双方が日本国民であるカップルが教会婚を認める国の教会で挙式し、婚姻証書を作成して、これを本籍地に送付してきたような場合、あるいは、イスラム法が施行されている国家（X国）において、X国国籍を持つイスラム教徒の夫が、X国内で長年同居してきた日本国籍を持つ妻を一方的宣言の方法により離婚（タラーク）した後、妻がそのタラークのX国における有効性を証明する書類を持って帰国し、自らの意思で本籍地に報告的離婚届を出した場合などが考えられる。このような場合でも、戸籍制度はそれ

---

(16)　広義の家族法を構成する三つの分野である「家族（実体）法＝民法親族編」「家族登録法＝戸籍法」及び「家族争訟法＝人事訴訟法と家事審判法」は互いに連動しており、三位一体となって家族法秩序を形成している。

(17)　婚姻成立の準拠法は法例13条1項により日本法であるが、婚姻の方式の準拠法は日本法または当該外国法である。なお、この場合については、戸籍法41条に、対応する規定が用意されている。

(18)　日本の国際私法の観点から見た場合、その離婚成立の準拠法は、妻が日本国内に常居所を持

28　第1部　論　説

らの家族法上の地位の変動を柔軟に受け止め、それを登録・公証しなければ
ならないのである。

3　受理要件審査ないし添付書類に関わる問題点

　渉外事件に限らず、およそ戸籍に関する届出をする場合には、その届出が
受理されるために必要な要件を満たしていることを証明するために必要な書
類を添付して届出をなすこととされている（戸籍法施行規則63条）。日本人につ
いては、戸籍謄抄本や記載事項証明書などがこれに当たるわけであるが、外
国人についてはそのような書類がないので、その代わりに、原則として本国
の権限ある官庁が発行した要件具備証明書等を添付させることになってい
る。[19]しかし渉外戸籍実務では、そのような書類の添付が期待できない場合が
少なからず予想される。それは、一時的な理由による場合[20]と、恒久的な理由
による場合[21]が考えられる。いずれの場合においても、正規の証明書類が得ら
れなければ無条件に届書の受理を拒否する、という立場をとることは実際上
困難であり、かといって、要件審査をなおざりにしたままで届出を受理した
り戸籍への記載をしたりするわけにもいかない。そこで、そのような場合に
いかにうまく対応するか、ということが問われることになる。

4　外国人の家族関係公証手段に関する問題点

　すでに述べたよう、戸籍簿は日本国民の身分関係のみを登録公証するシス
テムであるため、外国人の家族関係を戸籍簿により公証することはできな
い。そもそも、外国人の家族関係はそれぞれの本国での家族関係登録によっ
て行うべきである、と言い切ってしまってよいのであれば、この点は特に問
題にもならないであろう。しかし、外国人であっても、日本国内で生じた家
族法上の地位の変動については、日本で公証してもらうしか方法がない場合

たない限りX国法である。
(19)　1949年5月30日民甲1264号回答。南敏文編著『はじめての渉外戸籍』（日本加除出版・2003）
　　78頁以下。
(20)　例えば、当事者である外国人の家族関係登録簿が火災により焼失したが副本等によるバック
　　アップが可能である場合などが考えられよう。
(21)　例えば、当事者である外国人の本国で家族関係登録制度が不備であり、その者の家族関係を
　　証明できない場合などが考えられよう。

第 2 章　渉外戸籍制度の問題点　　*29*

もある。また特に、いわゆる在日外国人については、本国での家族関係登録制度よりも生活の本拠地である日本の家族関係登録制度によってその家族関係を公証してもらう方が適切であるという場合が少なくないものと思われる。そこで、戸籍制度がそれらの外国人に関する家族関係の公証をいかにして行うか、という問題が生じることになる。

第 6 節　戸籍制度側の対応

　上述のような問題点に対応すべく、渉外戸籍制度上、さまざまな工夫がなされてきた。

1　戸籍編製原理の修正による対応

　戸籍簿が国民登録と家族関係登録という二重の性質を持っていること自体は、戦前も現在も同様である。ただ、そのような大枠の範囲内でのいわばマイナーチェンジが、1984年の国籍法・戸籍法改正に伴って行われた。すなわち、従来は日本国民が外国人と婚姻しても戸籍の変動はないものとされてきたのを改めて、「日本人と外国人との婚姻の届出があったときは、その日本人について新戸籍を編製する」(1984年改正後の戸籍法16条 3 項。但書は省略) こととした。また、従来は日本人が外国人と婚姻・離婚などをしても、その日本人配偶者についてはいわゆる民法上の氏の変動はなく、戸籍法107条の規定により外国人配偶者の氏をいわゆる呼称上の氏として称することができるに過ぎないとされてきた考え方の基本を維持しつつ、外国人との婚姻・離婚

---

(22)　1984年の国籍法改は、日本国憲法の定める両性平等の理念に基づき、当時の国際的な情勢に鑑みて、直接的には日本が1980年に署名した「女子に対するあらゆる形態の差別の撤廃に関する条約」を批准するための準備として行われた。具体的な改正点としては、父系優先血統主義から父母両系血統主義への変更、日本国民の配偶者の帰化条件の両性平等化、準正による国籍取得制度の新設、国籍留保制度の整備、国籍選択制度の新設などが挙げられる。江川英文他著・前掲注12・39〜40頁参照。なお、この国籍法改正と同時に戸籍法も改正され、107条 2 項以下などが新設されたが、その内容について国際私法の観点から重大な疑問がある点につき、石黒一憲「人の氏名と国際家族法」家裁月報37巻 9 号（1985）25頁以下、西谷・前掲注11・146頁などを参照。

(23)　その前提として、民法750条の規定は外国人との婚姻には適用されないとする戸籍実務独自の立場が存在してきた。南敏文編著『Q&A 渉外戸籍と国際私法』（日本加除出版・1995）154

30　第1部　論　説

などによる日本人配偶者のいわゆる呼称上の氏の変動をより簡便に戸籍へ反映させることを認める明文規定を、いわゆる呼称上の氏の変更に関する戸籍法107条に2項ないし4項を新設する形で設けた。

2　外国法に基づく家族関係の戸籍手続きへの受容

　国際私法の立場からすると、諸国の家族法は対等であるから、国際私法はいかなる国の家族法上の制度についても公序に反するなどの理由がない限り平等にその効果を受け入れるべきものである。しかし、そもそも戸籍法は日本の民法を前提として立法されており、あらゆる国の家族法上の制度に対応しているわけではない。従って、理念的には諸外国の家族法上の制度すべてを戸籍上にそのまま反映させるべきであるとしても、実際にはそこに何らかの工夫が必要となってくる。戸籍実務は、婚姻のようにその内容がほぼ世界共通であると認められるものについては、原則としてその成立を受け入れ、ただし方式についてのみ「外国の方式による婚姻」として戸籍上区別する方法をとっている。次に、養子縁組のように国によってその内容が異なるものについては、外国で成立した養子縁組をそのまま承認するのではなく、日本法の観点から今一度要件審査を行い、それを満たすもののみを養子縁組として日本の戸籍に記載するという考え方をとっているものとされる[24]。さらに、外国法上のファミリーネームのように、日本法上の制度（氏）と性質が異なる制度については、その互換性を認めず、日本人が外国人と婚姻した場合でも、その日本人配偶者が外国人配偶者の本国法上のファミリーネームをそのまま称する余地を認めず（民法750条の国際結婚への適用を否定）、外国人配偶者のファミリーネームを日本語表記に置き換えたものを呼称上の氏として称することを認めているに過ぎない[25]。

――――――――――

　　　～155頁。

(24)　南・前掲注23・239～244頁、西谷・前掲注11・151頁。

(25)　その前提として、氏は戸籍編製の基準を定めるものであり、戸籍法上の制度としてわが国独特のものであるから、戸籍法の効力の及ばない外国人には氏の制度は適用されない、との考え方がある。西堀英夫著『渉外戸籍をめぐる諸問題』（法務研究報告書第68集第1号、法務総合研究所・1981）49頁。

第2章　渉外戸籍制度の問題点　　*31*

3　添付書類についての例外的措置

　要件具備証明書の添付が定型的に期待できないような場合について、戸籍実務はその添付を免除し、事情に応じて様々な形での代替措置を認めている[26]。すなわち、本国法の内容が明らかであり、かつ本国発行の他の書類により家族関係が明確に証明されているような場合には、要件具備証明書に代えてその書類を提出すればよいものとされている[27]。また、外国人当事者の本国に家族関係を証明する制度がなかったり、本国の官庁が当事者の家族関係を把握していないような場合には、当事者による宣誓書を婚姻要件具備証明書として扱って差し支えないものとされている[28]。さらに、日本人と外国人が外国の方式により婚姻したような場合には、その婚姻証明書を婚姻要件具備証明書として扱い、日本での婚姻届けを受理してよいとされている[29][30]。この他にも戸籍実務は、当事者の状況に応じてある程度柔軟に要件具備の証明を認めようとしている。

4　外国人の家族関係の公証方法

　外国人については、戸籍は編製されないものの、婚姻届などの届書は日本人の場合と同様に提出され、かつ保管されるから、それを外国人の家族関係の証明に活用することが可能となる。そのため、届書は長期保存することになっており（戸籍法施行規則50条）[31]、特に在日朝鮮人の届書については、同条の規定に関係なく、当分の間そのまま保管することとされている[32]。

---

(26)　南・前掲注19・81〜83頁。

(27)　例えば韓国人または台湾人を当事者とする婚姻届について本国法上の要件を審査しようとするときは、当事者の戸籍を提出させれば、それと別に要件具備証明書を提出させる必要はない。南・前掲注19・81頁以下。

(28)　当該家族法上の法律行為が自己の本国法上の要件を満たしていることを当事者自身が宣誓し、それに本国の領事が署名したもの。現在、在日米国大使館領事部との協議により特例として認められているものであって、アメリカ人以外にも適用してよいか否かは疑問である。

(29)　1954年10月25日民事甲2226号回答。

(30)　1953年8月15日民事甲1458号回答、1965年12月20日民事甲3474号回答など。

(31)　戸籍の記載を要しない事項について受理した書類の保存期間は、原則として創設的届出にかかる書類については届出のあった年の翌年から起算して50年間、その他の書類については同様に10年間となっている。前者の50年は、戸籍記載が完了した届書類の保存期間である27年間（戸籍法施行規則49条2項）と比べて倍近く長い。ただ、除籍簿の保存期間である80年間（同5条4項）に比べればかなり短い。

32　第1部　論　説

外国人の家族関係の公証という点では、届書は日本人の場合における戸籍簿と同様の重要な位置づけを与えられており、判例の中には、その記載事項として誤った記載をした場合に、戸籍訂正の手続に準じて届書の記載の訂正を認めるとしたものがある。⁽³³⁾

第7節　戸籍制度側の対応の問題点

以上のような戸籍制度側の対応における問題点について以下検討する。

1　戸籍編製原理上の問題について

1984年の国籍法改正により、それまで日本国籍を付与されなかった子ども（例えば日本人母と外国人父の間の婚内子）にも日本国籍が与えられることとなり、その結果戸籍にも記載されるようになったわけであるから、その限りにおいては、結果的にではあるが、戸籍が異国籍家族との関係で従来よりも家族登録としての性格を一歩進めたものと評価することもできよう。

しかし、戸籍簿が国民登録簿と家族関係登録簿という二重の性格を併せ持っていること自体に何ら変化はないのであって、外国人を含む家族の家族関係を一括して登録し得る制度にはなっていないことは確かである。かといって、欧米諸国で広く採用されている事件別登録や、近年夫婦別姓選択制との関係で議論の対象となっている個人別登録とも違うのであって、戸籍簿は家族関係登録簿としては甚だ中途半端な状態にとどまっていると言わざるを得ない。⁽³⁵⁾

---

(32)　1966年8月22日民事甲2431号通達。南・前掲注19・66頁以下。

(33)　福岡家裁小倉支部2000年12月22日審判、家裁月報53巻6号117頁。

(34)　個人別登録案の具体的な提案としては、榊原富士子著『女性と戸籍』（明石書店・1992）238頁以下参照。

(35)　なぜこのような状況に陥るのか。その原因は、戸籍の編製原理にあるように思われる。すなわち、戸籍は氏を基準として編製されているのであるが、その氏の性質は現在ではかなり曖昧なものになってしまっている。そもそも、氏は戦前の家制度の下では「家」の名称でり、家と戸籍とをつなぐ役割を果たしていた。しかし戦後、表面的にではあれ家制度が廃止され、氏と家とのつながりが制度上は絶たれてしまった。のみならず、呼称上の氏概念の導入（現在の戸籍法107条1項）や拡張（民法767条2項、戸籍法107条2～4項）など戦後の法改正により、氏概念全体としての性格が余計にわかりにくくなってしまった。そんな不明確な概念に依存して

第2章　渉外戸籍制度の問題点　　*33*

2　外国家族法上の制度の受容について

　国際家族法研究者の視点からすると、家族関係登録制度としての戸籍制度
は、日本法上の家族関係のみならず、ひろく諸外国の家族関係を柔軟に受け
止め、それを公証できる制度でなければならない。よって、その障害となる
事情があるならば、それが障害となっている原因を究明し、その除去に努め
なければなない。

　外国法上のファミリーネームの取り扱いは、このような意味での障害の最
たるものであると言えよう。戸籍実務上、外国法上のファミリーネームは戸
籍法上の「氏」とは扱われず、単なる呼称として認められるに過ぎない。そ
して、その背景には、氏を家の名称であり日本独特の制度であるとする排外
的思考が存在している。戸籍法107条2～4項の規定にしても、民法上の氏
と呼称上の氏とを厳然と区別し、前者については上記の家制度的な考え方を
残しつつ、後者についてのみ柔軟な対応を示したものであって、根本的な問
題解決とは言い難い。

　外国で行われた養子縁組のわが国での効力についても、同様の観点からの
検討が必要であろう。現在の実務では、外国においてその国の方式により養
子縁組が成立したとしても、そのわが国での効力を判断する際には、改めて
法例（20条）の定める準拠法上の要件を満たしているか否かを審査すること
が必要だとされている。[36]　そして、準拠法チェックの結果、特別養子縁組に相
当する縁組の要件は満たしていないが、普通養子縁組としての要件は備えて
いるという場合には、断絶型の養子縁組として成立したものであっても、わ
が国では普通養子縁組としてのみ効力を認めるというのである。[37]　それはちょ
うど、かつて外国離婚判決の承認要件について主張された準拠法の要件論と
同様の考え方に立っているように思われるのだが、外国法上の制度への柔軟
な対応を重視する立場からすれば、少なくとも外国の司法機関で縁組要件を

　　いることが、戸籍編製原理をわかりにくくしているように思われる。この際、氏に依存しない
　　新たな戸籍編製原理、あるいは戸籍制度そのものの存廃について本格的に検討してみるべきで
　　はなかろうか。
（36）　南・前掲注19・153頁。
（37）　東京家裁1996年1月26日審判、家裁月報48巻7号72頁。拙稿「中国法上の養子縁組の特別養
　　子縁組への転換」ジュリスト1107号（1997）157～160頁参照。

34　第1部　論　説

実質的に審査して下された縁組決定については、日本で再審査することなくその効果を承認すべきである。[38]

3　添付書類の例外措置について

　戸籍制度はもともと日本人の家族関係の登録・公証を念頭に置いた制度であったから、例えば婚姻届をする際に両当事者が婚姻成立の要件を満たしているか否かといった問題についても、戸籍を見れば即座に確認できるという前提の下に制度を組み立てることができた。しかし、外国人を当事者とする家族関係については、そうはいかない。日本の戸籍制度のような家族関係登録制度はほとんどの国に存在していないからである。しかし、そのような国の国民が当事者となる場合に、当事者の家族関係を証明する資料が十分に（日本の戸籍と同じ程度に）そろわないからといって、その家族法上の地位の変動の効果をわが国では一切認めないというわけにもいかないであろう。[39]　だから、既に述べたような代替措置が行われているのである。しかし、このような代替措置は、すべて否定するわけにはいかないとしても、本当にやむを得ないのかどうかを可能な限り厳格に、しかもできればケース毎に個別にではなく定型的に判断していく必要はあるだろう。

4　届出書による家族関係の公証について

　外国人は戸籍に記載されないから届書によってその家族関係を公証する、という考え方自体は、やむを得ないものとして認めてよいであろう。しかし、だからといって、外国人にとって届書は日本人にとっての戸籍簿と同様に重要な書類であるから、というような理屈で、必要以上の特例を認めることには疑問を感じる。例えば、これは家裁の審判であって戸籍実務そのものではないが、戸籍訂正に関する戸籍法113条の規定により届書の訂正の申立

---

(38)　これに対し、養親子が何らの公的機関によるチェックもなしに私的に行った縁組については、準拠法上の要件審査をわが国で行ってもよいであろう。微妙なのは、裁判ではなく、より簡易な手続（例えば届出）による縁組の場合であるが、縁組の実質的成立要件を審査しているかどうかで分けるべきであろう。

(39)　特に報告的届出の場合、ある国ですでに成立した家族法上の地位の変動をわが国で認めないということになれば、跛行的家族関係を拡大する結果を招くことになるという問題がある。

第 2 章　渉外戸籍制度の問題点　　*35*

てを認めた福岡家裁小倉支部2000年12月22日審判[40]のような考え方は、戸籍簿と届書との関係を渉外事件についてのみ必要以上にねじ曲げるものであって、賛成できない。

第 8 節　検　討

　以上の考察を前提として、今後、渉外戸籍制度が進むべき方向性について、現時点での筆者なりの考えを示しておきたい。

1　戸籍編製原理の再検討、戸籍簿の廃止

　まず、これは渉外戸籍に限る問題ではないが、戸籍編製原理について根本的に再検討すべきものと考える[41]。もともと戸籍法が採用する「氏」を基準とする戸籍編製方式は、1898年の戸籍法において完成した「戸主と家族」＝「同じ氏」＝「同じ戸籍」という図式があってはじめて完結した意味を持ち得るものであるが、1947年の民法改正によって家制度が廃止された以上、もはやそのような図式は成立しなくなったのであり、それでも氏を戸籍編製の基準として採用し続けることの根拠としては、制度としての連続性や基準の明確性といった便宜面での根拠しかないのではあるまいか[42]。むしろこの際、戸籍制度を全廃し、届書によって直接家族関係を公証するような制度の構築を検討してみてはどうだろうか。若干乱暴な提案かもしれないが、現に外国

---

(40)　注33と同一の審判。国際裁判管轄や準拠法など、主要な論点のすべてを「外国人にとっての届書の重要性」の一点から説き起こしている。

(41)　戸籍編製基準の見直しについては、夫婦別姓選択制の提案に付随する形で、いくつかの試案が公表されている。東京弁護士会・女性の権利に関する委員会編『これからの選択　夫婦別姓』（日本評論社・1990）234頁以下、榊原富士子他著『結婚が変わる、家族が変わる』（日本評論社・1993）215頁以下参照。ただ、そこで示されている改正案は、あくまで夫婦別姓選択制の導入という主要テーマに付随して今の戸籍をどう改めるかを検討した結果であり、それ以上の意図や目的を持ったものではない。よって、戸籍制度全廃のような提案はそこでは出されていない。

(42)　佐藤文明著『戸籍うらがえ史考』（明石書店・1998）120～127頁によると、当時の政府は戸籍制度の抜本的改革などおよそ考えていなかったことがわかる。民法の「家」制度が制度が廃止されたことを受けて、せめて戸籍という形でこれを維持していこうとでも考えたのであろうか。

36　第1部　論　説

人の家族関係の公証はそのような形で行われており、届書の保存期間を十分に確保し、届書による家族関係公証のための手順を合理化することによって、家族関係証明事務は十分に機能するように思う。

2　戸籍法の人的適用範囲の拡大と国籍の明示

　現在、戸籍法の適用範囲については明文の規定が存在しないが、一般的には、属人的効力として国内・国外の日本人に、また属地的効力として国内にいる外国人にそれぞれ適用されるものと考えられている。[43] しかし、外国人に戸籍簿に関する規定の適用がないと考えられてきたのは、外国人は氏を持たず家に帰属しないから、という家制度的な根拠に基づくのであって、家制度のない現在では十分な理由とはならないのではないか。上の「1」のように戸籍簿自体を廃止するという考え方をとらないという前提で考えるとしても、戸籍の家族関係登録としての性格を純化し、外国人についても戸籍簿に掲載した上で、各人について国籍を明示するという考え方もあり得るのではなかろうか。[44]

3　外国家族法上の制度への柔軟な対応

　日本の戸籍実務家は、日本の戸籍法における要件審査のレベルを念頭に置いて渉外関係をも見ようとする傾向があるように思われる。[45] しかし、国際化がこれだけ進展した社会において、わが国の国内における家族関係の安定のみを優先させることには疑問がある。むしろ、当事者の利益を重視して、外国家族法上の制度にも柔軟に対応できるような体制づくりに努力すべきではないか。例えば外国法上のファミリーネームについては、日本語（カタカナ）標記に直すことはやむを得ないとしても、そのまま日本の氏と対等なものと考えた上で、国際結婚にも民法750条の適用を認めて、氏の準拠法が日本法[46]

---

(43)　鈴木大助他著『渉外戸籍事務の理論と実例』（日本加除出版・1965）12〜14頁。ただし、戸籍の記載に関する部分は、その性質上日本国民にのみ適用される。同14頁。

(44)　ただし残念なことには、筆者自身、このような案をいまだ目にしたことがない。

(45)　西谷・前掲注11・151頁左段下から3〜1行目の「これらの理由付けは、もっぱらわが国の秩序維持を念頭に置いている。」の部分は、これにつながる意味を持っているように私には思われる。

となった場合には国際結婚の夫婦も氏の選択ができるようにすべきである。また、外国法上の断絶型養子縁組については、契約によるもの（ただし当該外国国家による何らかのお墨付きを要件とすべきであろう）も裁判によるものも含めて、実方との断絶と養親が実子と同じ地位を得る点を考えて、わが国でも断絶効を認めるべきである。

4　添付書類

これについてはあまり長々というべきことはないが、今の戸籍実務の扱いはあまりにつぎはぎだらけのように思われる。むしろ、当事者の出身国いかんを問わずに、「こういう事情のある場合にはあの添付書類は不要であり、この添付書類は必要である」というような、包括的で柔軟なルールを打ち立てる努力をすべきである。

5　届書の位置づけの徹底

届書は過去の一回的事実を記録するものであって、常に最新の家族関係情報を流し続けている戸籍簿とは基本的な性格が違う。従って、いくら外国人の家族関係の公証において届書が重要であると言っても、そこに安易に戸籍簿に関する制度を当てはめることには反対である。

第9節　おわりに

本稿では国際家族法研究者としての視点から渉外戸籍実務上の若干の問題について検討を加えてみたが、今後は、できれば戸籍実務の視点から渉外戸籍の問題点を見直す作業にも着手したい。

---

(46)　その決定基準については、西谷・同上147頁注13及び注15で紹介されているように複数の考え方があるが、筆者としてはとりあえず、限定的当事者自治を認める考え方に賛成したい。

第 3 章　認知制度の変遷と国籍法

第 1 節　はじめに

　1899年の国籍法[1]は、日本国籍の取得原因の 1 つとして「日本人タル父又ハ母ニ依リテ認知セラレタルトキ」を認めていた（ 5 条 3 号）。しかしその後、1950年に同法の廃止とともに施行された現行国籍法[2]では、認知による日本国籍取得の規定は削除された。その理由として、政府の提案理由説明の中では次のように述べられている[3]。

　「現行法（筆者注・1899年国籍法を指す）では第 2 条その他民法の「家」の制度に立脚する規定があるのでありますが、「家」の制度は両性の本質的平等及び個人の尊厳を宣言した憲法第24条の精神に反するものとして、既に民法の改正を見た次第でありますので、この法案は、現行法のこれ等の規定を廃止することにいたしました[4]。」

　「現行法は国籍の取得についても、又、喪失についても、「妻は夫の国籍に従う」という原則及び「子は父又は母の国籍に従う」という原則を採用しており、婚姻、離婚、養子縁組、離縁、認知等の身分行為（筆者注・家族法上の法律行為）に伴い、或は、夫又は父母の国籍の得喪に伴って、当然に、妻又は子の意思に基かないでその国籍の変更を生ずることになっているのでありますが、これまた憲法第24条の精神と合致いたしませんので、この法案におきましては、近時における各国立法の例に倣い、国籍の取得及び喪失に関し

（ 1 ）　1899年法律第66号・同年 4 月 1 日施行。
（ 2 ）　1950年法律第147号・同年 7 月 1 日施行。
（ 3 ）　平賀健太「新国籍法について」法曹時報 2 巻 6 号91頁参照。
（ 4 ）　「憲法の精神に反する」という表現は、「憲法違反ではない」という裏の意味をも含むもののようである。田中康久「日本国籍法沿革史（完）」戸籍478号 8 頁参照。

て、妻に夫からの地位の独立を認めてその意思を尊重することとし、又、子についても、出生によって日本国籍を取得する場合を除いて、子に父母からの地位の独立を認めることといたしました。」

　この改正によって、我が国の国籍法は、妻や子の個人としての尊厳がより守られるものに進歩したはずであった。しかし、そのようにして現行国籍法が施行され、また1984年の国籍法改正により父系優先血統主義から父母両系血統主義への転換がなされて、国籍法がより憲法の精神に合致するようになったはずの今日でも、日本人たる父を持つにもかかわらず、日本国籍を取得することも容易にはできず、むしろ強制退去の対象になってしまうような子どもたちがいる。もし戦前であれば、認知によって当然に日本国籍を取得できた子どもたちが、戦後の新しい国籍法の下では容易に日本国籍を取得することができないとなれば、それは進歩どころか後退ともいうべき事態ではあるまいか。では、そのような事態が生じているのは何故か。

　それは、現行国籍法2条1号の「出生の時に父又は母が日本国民でるあるとき」とは子の出生時に法律上の父子関係が生じている場合を指し、胎児認知はこれに当たるが、生後認知はこれに当たらない、との解釈がなされてきたからである。

　このような解釈（およびこれを支えている現行国籍法3条の規定）に対しては、近年これを批判する複数の有力な学説が登場している。筆者自身も、これら

（5）　1984年法律第45号・1985年1月1日施行。
（6）　裁判例の中には、1899年の国籍法の解釈に関するものではあるが、「父カ日本人ナルトキ」の解釈について、「父」とは原則として法律上の父を指すが、例外的にやむを得ない特段の事情があり、父の子に対する言動から事実上自分の子であることを認めている事実があり、かつ自然的父子関係が認められる場合には、民法上の認知を受けていなくても国籍法上は「父」として扱ってよいとする決定（大阪高裁1987年2月6日決定、判例タイムズ630号266頁）がある。しかし、その後の判例法には特に影響を与えていないようである。
（7）　木棚照一著『逐条註解国籍法』（日本加除出版・2003）130頁以下参照。他方、日本加除出版株式会社出版部編『全訂　国籍と渉外戸籍—届出と戸籍記載例—』（日本加除出版・1991）28頁では、胎児認知の場合意外に、出生と同時に認知した場合でも子は日本国籍を取得するが、認知は戸籍上の届出が必要なので現実には不可能に近いとする。
（8）　例えば、奥田安弘著『国籍法と国際親子法』（有斐閣・2004）181頁以下、二宮周平「国籍法上、認知に遡及効を認めない扱いは、憲法14条1項に違反しないとされた事例」戸籍時報554号11頁。

40　第1部　論　説

と問題意識を共有しつつ、生後認知による日本国籍取得を解釈論として認めるべきであるとする見解を既に公表している。[9]

　国籍法に関するこのような議論を深めていくことは絶対に必要であるし、筆者としてもかかる議論において何らかの貢献をすることができれば、という気持ちは持っているつもりである。ただ、本稿はいきなりかかる議論に突入しようとするものではない。[10]というのは、筆者にはその前にひっかかることがあるからである。それは、1950年国籍法制定時の議論の前提となっている認知制度の評価についてである。当時の議論に見られるように、戸主制度や家督相続、妻の無能力など、家制度の中には確かに憲法24条の精神に反する内容が含まれていた。しかし、果たしてそれらと認知とを「家制度」と一括りにして評価してしまってよいのだろうか。既に紹介したとおり、現行国籍法の成立過程において、子の意思に基づかないでその国籍の変更を生ずることになるのは憲法第24条の精神と合致しないから、子に父母からの地位の独立を認めることにした、との説明がなされている。しかしそこでは、「出生によって日本国籍を取得する場合を除いて」という留保がつけられているのである。出生による国籍取得は本人の意思とは無関係に国籍を取得させるものであるから、血統主義を維持しようとする限り、これを例外とせざるを得ないのは当然であろう。[11]そして、1899年国籍法の立法理由書では、認知による国籍取得を「血統主義ヲ基礎トスル精神ヲ貫カントスルモノ」であるとされている。[12]ということは、認知による国籍取得も例外的に憲法24条に反しないと考えることができるのではなかろうか。

　ただ、そのように考えるためには、認知の持つ意思表示としての側面をどう考えるか、という点をクリアしなければならない。認知が父の意思によって一方的に親子関係を創設する制度であるなら、それは血統主義の補完とは

（9）　大村芳昭「生後認知と出生による日本国籍の取得」ジュリスト1289号240頁。

（10）　生後認知による日本国籍取得の可否、準正による日本国籍取得に関する国籍法3条の違憲性に関する議論を指す。

（11）　あるいは、もし生地主義を採るとしても、人は自分の出生地を自らの意思で決めることはできないのであるから、結局同じことになろう。

（12）　奥田安弘著『家族と国籍［補訂版］』（有斐閣・2003）124頁以下は、この点を指摘して、婚姻や養子縁組と認知との違いを指摘している。

第3章　認知制度の変遷と国籍法　*41*

いえないからである。逆に、もしこの点をクリアできれば、その結果を現行
国籍法の解釈論や立法論の中で活かすことができるように思われる。

　そこで本稿では、認知の性質に関するわが国の立法・判例・学説をおおま
かに概観しながら、認知制度の趣旨の変化を追い、それを国籍法の立法論や
解釈論につなげる試みを行いたい。

第2節　認知の性質をめぐる法の変遷・その1
（第2次世界大戦前⁽¹³⁾）

　1898年に民法第4篇第5編⁽¹⁴⁾が施行されるまでは、認知は父の自由意思にま
かされ、父の探索（強制認知）は許されていなかったが、民法は任意認知
（827条）と並んで強制認知（認知を求める訴え。835条）⁽¹⁵⁾をも認めた。民法制定か
ら、後述する1942年の民法改正までの間の判例を見てみると、一方で、禁治
産者に対する認知請求は後見人を被告として訴えるべきことを承認し⁽¹⁶⁾、また
被告が意思無能力者でも認知請求には支障ないと判断する⁽¹⁷⁾など、認知者本人
の意思ないし意思表示という要素を過大視せず、認知請求の要件を緩やかに
運用しようと一定の努力をしていたことがわかる。しかし他方では、検察官
を被告とする死者に対する認知請求を認めず⁽¹⁸⁾、また訴訟継続中に被告たる父
が死亡した場合に検察官による訴訟の受継も認めない⁽¹⁹⁾など、子の利益の保護
という観点を必ずしも徹底しているとはいえない部分もあった。それは当時
の判例が、認知請求の法的性質を「親子としての法的地位の確定を目的とす
る訴え」ではなく、「父の子に対する認知の意思表示を求める給付の訴え」

---

(13)　本稿では、日本の婚外子法の歩み全体について、中川善之助編『注釈民法（22）のＩ』（有
　　斐閣・1971）161頁以下〔泉久雄〕の記述に依拠するところが大きい。

(14)　1898年法律第9号・同年7月16日施行。

(15)　強制認知制度の導入については、法典調査会において、賛否両論の論者による激しい議論が
　　戦わされている。富井政章、梅謙次郎の両起草担当者が賛成派に回ったのに対して、横田國臣、
　　長谷川喬、村田保といった面々は反対派として大いに弁を振るった。

(16)　大審院1931年11月17日判決、法学（東北大）1巻上514頁。

(17)　大審院1935年10月31日判決、民集14巻1805頁。

(18)　大審院1921年6月11日判決、民録27巻1144頁。

(19)　大審院1932年7月15日判決、法律新聞3453号13頁。

42　第1部　論　説

であると解釈していたことによる限界であった。のみならず、判例はいわゆる「不貞の抗弁」[20]を認めていたため、条文上は認知請求ができることになっていても、実際には不貞の抗弁を乗り越えて認知を勝ち取ることは容易なことではなく、制度の存在意義を半減させてしまっていた。

　そんななか、1942年の民法改正[21]では、死者に対する認知の訴えが明文で認められ（835条但書）、それに伴って人事訴訟手続法上も、死者に対する認知の訴えは検察官を被告とすべきことを明記するに至った（32条2項）。この改正は、直接的には、第2次世界大戦中という当時の特殊な社会状況に鑑みて、戦死者を父とする婚外子の救済をはかることが立法の動機であったが、死後認知をそのような特殊な場合のみならず一般的に認めたことは、わが国の婚外子法にとって大きな進歩であったといってよいであろう。この改正は、文言上、従来の「認知ヲ求ムル」を「認知ノ訴ヲ提起スル」と改めるにとどまり、認知請求の法的性質（給付訴訟か確認訴訟か形成訴訟か）について必ずしも文言上明らかにするものではなかったが、死者に対する訴えを認めたことによって、従来のように認知請求を「認知の意思表示を求める訴え」と解することは困難となる一方、認知請求を「親子としての法的地位の確定を目的とする訴え」と考える立場に強力な法的根拠が与えられたことになろう。

第3節　認知の性質をめぐる法の変遷・その2（第2次世界大戦後）

　第2次世界大戦の敗戦後、1947年の民法改正[22]では、婚外子の法的地位については、家制度の廃止との関係でいくつかの変更がもたらされたものの、婚外親子関係の成立要件自体については特に変更がなかった[23]。しかしその後、判例は2つの論点について大きな変化を遂げた。

----

(20)　大審院1912年4月5日判決、民録18巻343頁。
(21)　1942年法律第7号。私生子の名称を廃止したことで有名な民法一部改正である。
(22)　法律第222号・1948年1月1日施行。
(23)　中川善之助編『注釈民法（22）のI』（有斐閣・1971）166頁〔泉久雄〕。

第3章　認知制度の変遷と国籍法　　*43*

　まず、母の認知について、従来の判例は、婚外母子関係も母の認知がなけ
れば発生しないとした上で、ただし扶養義務の発生については法的親子関係
の成否を問わず、分娩の事実さえあれば扶養義務が認められる[25]としていた。
第2次世界大戦前の日本では婚外子の出生数が現在と比べて格段に多く、そ[26]
れらの子の救済が急務であったことを考えると、このような法律構成も、あ
る意味やむを得なかったのであろう。しかし、親子でない者の間になぜ扶養
義務が生じるのか、やはり疑問を禁じ得ないのであって、根本的な解決をは
かるためには、やはり法的母子関係をより広く承認するしかない。それに応
えたのが1962年の最高裁判決である。同判決はその傍論において、「母とそ[27]
の非嫡出子（筆者注・婚外子）との間の親子関係は、原則として、母の認知を
俟たず、分娩の事実により当然発生すると解するのが相当である」と述べ
た。「原則として」という留保をつけているのは気になるが、これはおそら
く棄児のような極めて例外的なケースを想定したものであろう。こうして、
婚外母子関係については、民法の文言上「母の認知」が予定されているにも
関わらず、解釈上はもはや認知の必要なく、分娩という客観的な事実によっ
て当然に発生するという考え方が定着したといってよい。

　他方、不貞の抗弁は、1912年の判例（前掲）以来認められてきたが、1950年
代のいくつかの判決[28]により、母の懐胎期にその母と関係があり、血液型など
の人類学的考察も父子関係を否定していない男は、父性が推定され、それを
否定する男は反証を挙げなければならない、とされるようになった。つまり
実質的に立証責任を子から父へと転換したわけである。これによって事実
上、認知請求は困難とされてきた状況にひと筋の光が差し込んだことは間違
いないであろう。

---

(24)　大審院1921年12月9日判決、民録27巻2100頁。

(25)　大審院1928年1月30日判決、民集7巻12頁。

(26)　例えば明治後期、1900年の婚外子出生数は12万5213人、出生割合は8.8％、明治末期の1910年
　　　には16万1364人で9.4％、大正末期の1925年には15万1448人で7.3％、日本が第2次世界大戦に参
　　　戦する直前の1940年には急激な減少期に入っていたが、それでも8万6820人で4.1％であった。
　　　利谷信義著『家族の法［第2版］』（有斐閣・2005）150頁。

(27)　最高裁1962年4月27日判決、民集16巻7号1247頁。

(28)　最高裁1956年9月13日判決、民集10巻9号1135頁。同1957年6月21日判決、民集11巻6号
　　　1125頁。同1957年12月3日判決、民集11巻13号2009頁。

44　第1部　論　　説

第4節　わが国民法における婚外親子関係成立要件の現状に対する評価

　婚外母子関係の成立については、依然として改正されない民法の文言上は[(29)]母の認知が必要とされているものの、判例によって婚外母子関係は分娩の事実によって当然に生じて、母の認知は必要ないとの事実主義（客観主義）的解釈が確立し、母の認知に関する規定は事実上死文化している。

　他方、婚外父子関係の成立については、一方で、意思表示による親子関係成立の制度としての任意認知制度が存在し、他方では、当初は認知主義を補完する意味を持っていたが、1942年の民法改正で事実主義的な方向に大きく一歩を踏み出し、さらにその後の判例の変化によってその方向性を一層強くした強制認知制度が存在する、という一種の混合形態が現状である。そして、この全体について整合性のある説明をしようとするなら、もはや意思表示による認知という理解を維持することはあきらめ、認知は婚外父子関係の存在を確認する観念の通知であると考えるのが妥当であろう。[(30)]

第5節　1950年国籍法制定時における認知制度の評価

　民法上の認知制度に関する以上の検討を踏まえて、以下では、国籍法と認

---

(29)　2004年の民法改正（2004年法律第147号・2005年4月1日施行）の基本方針の中には、「③確立された判例・通説の解釈で条文の文言に明示的に示されていないもの等を規定に盛り込む」ことや「④現在ではほぼ存在意義が失われている（実効性を喪失している）規定・文言の削除・整理を行う」こと（これらはいずれも⑥との関係を考えると第1編ないし第3編のみを指しているのだろうか）、さらに「⑥すでに平仮名口語体となっている第4編・第5編についても第1編から第3編までとの均衡の観点から見出しと項番号を付するとともに、最近の法制執務に則した必要最小限の表記・形式等の整備を行う」ことが含まれている（近江幸治編「新しい民法全条文　現代語化と保証制度改正』（三省堂・2005）5～6頁）。とすれば、母の認知に関する規定は少なくともこれらのいずれかに該当し、削除されるべきものだったのではなかろうか。

(30)　なお、婚外親子関係の成立要件に関する諸国の立法を「認知主義」「血縁主義」「混合主義」「均等主義」に分類すれば、わが国は均等主義に属するとする見解があった（中川編・前掲注(13)・171～180頁〔泉久雄〕）が、そもそもそれらの分類基準に若干の疑問があり、また日本法の評価についても、むしろ「混合主義」に含ませるのが適切であるように思われる。

第3章　認知制度の変遷と国籍法　*45*

知との関係に焦点をずらせて考察を進めたい。

　1950年の国籍法制定時の議論においては、1899年の国籍法が認めた認知による日本国籍取得の制度は「家」制度に由来するものであり、父による一方的な認知により、(31)子の意思に基づかないで国籍の変動を生ずるのは、個人の尊厳を宣言した憲法24条の精神に反するため、1950年国籍法では、出生によって日本国籍を取得する場合を除いて、子に父母からの地位の独立を認めることとした(32)、とされている。

　このような説明は、認知についてのみなされていたわけではなく、婚姻や養子縁組などによる国籍変動の規定などについても同様の説明がなされ、憲法24条の精神に合致させるため家族法上の地位の変動に基づく国籍変動を認める規定を削除したと説かれている。

　しかし、婚姻や養子縁組と認知とを同列に論じてよいのであろうか。婚姻や養子縁組は、事実上も法律上も家族関係のないところに、当事者双方の意思表示によって新たに家族関係を創設するという制度であるが、認知については事実上、既に生じている親子関係を確認する制度という捉え方（事実主義ないし客観主義）と、婚姻などと同様に意思表示により親子関係を創設する制度という捉え方（認知主義ないし主観主義）の双方がありうる。もし純粋な認知主義を採るなら、(33)子の意思は法律上完全に無視されることとなり、子の個人としての尊厳を害することとなろう。(34)また、親子関係の形成に関して裁判所等の第三者の判断が入り込む余地がないこととなり、客観的な立場から子の利益をはかることができなくなる。他方、もし純粋な事実主義を採るなら、認知とは客観的な事実に基づく親子関係の形成ないし確認を意味し、基本的には第三者による親子関係の成立、あるいは父による親子関係の（形成ではなく）確認を内容とする制度であるということになろう。そうすれば、父の恣意が介入する余地はなく、(35)少なくとも制度全体としては個人の尊厳を害さずに済むということができるのではないだろうか。

---

(31)　子の出生前ないし子が意思無能力（15歳未満）のときは子の利益の代弁者である母。
(32)　国会における政府当局の説明。
(33)　父の探索は不可とする、というような側面も含めて。
(34)　ただし認知の手続において母や子の意思を介入させるのであれば話は別である。
(35)　任意認知の部分だけを取り出すと違和感を禁じえないが。

46　第1部　論　説

　では、1950年の国籍法制定当時、わが国の認知制度はどうだったのか。1942年の民法改正により、それまでの「認知を求める訴え」から「父死亡後の場合を含めた認知の訴え」が制度化されたことによって、認知請求の法的性質は給付の訴えから確認ないし形成の訴えへと変化を遂げたと見ることができるであろう。しかし事実上、認知請求にとって大きな障害となっていた不貞の抗弁はまだ否定されておらず、母の認知を不要とする判例も確立していなかった。それらを総合的に考えると、当時の認知制度は、父による一方的な意思表示による親子関係の創設という側面を払拭できておらず、その意味で子の人としての尊厳の観点からして問題を含んだ状態であったといえるのではなかろうか。

　だとすれば、1950年の国籍法が認知による国籍変動に関する規定を削除したことは、当時の認知制度が抱えていたそのような問題点への対応として、少なくとも結果的には必ずしも妥当性を有しなかったとは言い切れないようにも思われる。

第6節　現行法上の認知制度の評価と国籍法の解釈論

　では、1950年の国籍法制定から50年以上を経過した現在の時点ではどうだろうか。既に見たように、母の認知を不要とする判例はすでに確立しており（事実主義化の完成。ただし法文はいまだ改正されていない）、不貞の抗弁も判例によって排斥されて久しい。任意認知については、いまだに意思表示との考え方もあるが、任意認知と強制認知をあわせた婚外父子関係成立要件全体として見る限り、実質的には事実主義化がほぼ完成したに等しい状況にあるといってよいのではなかろうか。

　このような状況を前提として考えれば、現時点においては、認知による国籍取得は血統主義の延長線上にあるものとして認めても差し支えないように思われる。ただしそれでも、いわゆる任意認知における父の一方的届出に[36]

---

(36) 特に認知される子が未成年のうちは子の承諾も母の承諾も必要とされない点は問題である。この点につき、子の利益・人格的主体性を重視して、子が未成年である場合でも母の承諾を必要とする立法論があるのは頷けるところであろう。西村信雄・椿寿夫「明治民法以後の親子法」

第3章　認知制度の変遷と国籍法　　*47*

は、子あるいは母の意思が無視されかねないという点で疑問が残る。本来それは民法の改正によって対処されるべき問題であるが、それが叶わないのであれば、次善の策としては、現行法の意思主義的な側面を利用して、国籍法の解釈上、任意認知の場合に限って子ないし母の意思を国籍取得の要件に組み込む形で対応するしかないであろう。

　では、以上の考察を、現行国籍法、特に認知との関係が深い２条・３条の解釈にどう活かせばよいのであろうか。まず、血統主義の延長線として認知による日本国籍取得を認める立場を採るのであれば、２条１号の「父」は婚外子の父をも含むものと解すべきことになろう。ただ、生後認知を要件とする３条の合憲的解釈とうまく共存させるためには、２条の適用は（婚内子の場合にも適用されることはともかくとして）強制認知および胎児認知の場合に限定し、生後の任意認知の場合には３条によらせるという棲み分けないし役割分担をさせるのが、解釈論としては穏当であるように思われる。３条の規定については、父母の婚姻を子の国籍取得の要件とする部分は、婚外子の国籍取得につき不合理なハードルを設けるという意味で憲法14条違反であり、無効と解すべきことになる。そして、生後認知の場合でも、胎児認知の場合との均衡を保つため、日本国籍は出生時に遡って取得すると解したい。ただ、父による一方的な認知の意思表示に基づく国籍変動への違和感を解釈論の枠内で払拭するため、現行３条を合理的に解釈して、子が未成年のうちに認知され、かつ、子ないし母が国籍取得届をすることを要件とするのが適切であろう。また、国籍の遡及的取得による法律関係の不安定を防止するため、不文

中川善之助他編『家族問題と家族法Ⅳ　親子』（酒井書店・1957）176頁。

(37)　最も徹底した改正の方向性としては、認知制度を廃止し、客観的要件のみによって婚外父子・母子関係ともに成立させるというものが考えられよう。

(38)　解釈論の範囲内で、３条全体を憲法違反として無視する考え方もあり得るであろう。ただ、それでは解釈論に名を借りた立法論になってしまう恐れがある。特に明文規定を無視するようなその無視は必要最小限度のものにとどめるべきであろう。よって、３条についても使える部分と使えない部分を識別し、前者を活かしつつ他の規定との共存をはかる方針を採りたい。

(39)　奥田・前掲注８・225頁、231頁参照。筆者としては、遡及効自体を認めないという選択肢を考えるよりも、遡及効にはこだわった上で、その弊害を除去する方策を立てるという途を探りたいと考える。

(40)　それは認知による国籍取得尋に対する実質的な承諾としての意味を有することになる。

(41)　筆者は国籍の浮動性の防止にはあまり重きを置くべきでないと考える。この点については、

48　第1部　論　　説

の第三者保護条項の存在を認めて、極めて例外的な場合にせよ第三者を保護するという解釈上の工夫を施す可能性についても検討する余地があるように思われる。[42]

第7節　国籍法の改正に向けて

　以上の検討をもとに、今後の国籍法改正に向けた若干の考察を加えて本稿を締め括りたい。

　前節では、合憲的解釈という範囲内で可能な限り婚外子を適正に扱うための解釈論を提示したわけであるが、より進んで、（民法上の認知制度が大幅な変更を受けないという条件つきではあるが）立法論として現行法の改善に取り組むとすれば、どのような提案が可能であろうか。

　まずは、婚外子と婚内子とを日本国籍の取得原因において区別しないことが重要であろう。現行2条のようなシンプルな規定で血統主義的な日本国籍取得原因を網羅するのがよいように思われる。そして、婚外子と婚内子の平等という点を重視する限り、生後認知の場合であっても日本国籍の取得については遡及効を認めるのが筋であろう。

　そこで問題となるのが、日本国籍取得原因としての認知について時期的な制限を付すか否か、という点である。この点につき筆者は、国籍の確定が遅れることによる第三者への影響の度合いにつき客観的に判断できるだけの資料を持ち合わせていないので、自信を持った発言はできないのであるが、少なくとも子の小学校就学時までは、国籍の遡及的変動により第三者が損害を被るような事態はあまり想定できないように思われる。また、義務教育終了時までは社会に出ることは一応ないはずであるから、それまでの間も特に第三者に損害を被らせるような事態は（就学前とは程度の差があるかもしれないが）想定しにくいように思う。さらに、現行3条が国籍取得の期限としている子

　　奥田・前掲注8・190頁以下を参照。
（42）　なお、生後認知と国籍に関しては、2005年と2006年に、それぞれ地裁レベルで国籍法の違憲判決が出ているが、本稿では、特に後者についての情報が不足しているため、それらの判決の批評は行わない。

の成人も、親の親権を脱する時という意味で、それなりに理由のある年齢であろう。そこで、今後の立法に際しては、以下のようないくつかの考え方を他の候補に加えて検討する意義があるのではないかと考える。

① 子の就学時までに日本人たる父が子を認知（強制認知を含む。以下この提案において同じ）した場合に限って、無条件でその子に日本国籍の遡及的取得を認める。

② 子の義務教育終了時までに日本人たる父が子を認知した場合に限って、無条件でその子に日本国籍の遡及的取得を認める。

③ 子が成年に達するまでに日本人たる父が子を認知した場合に限って、無条件でその子に日本国籍の遡及的取得を認める。

④ 子の就学時までに日本人たる父が子を認知（強制認知を含む。以下この提案において同じ）した場合には無条件で、また、子の義務教育終了時までに認知した場合には第三者保護要件つきで、それぞれその子に日本国籍の遡及的取得を認める。

⑤ 子の義務教育終了時までに日本人たる父が子を認知した場合には無条件で、その後、子が成人するまでに認知した場合には第三者保護要件つきで、それぞれその子に日本国籍の遡及的取得を認める。

⑥ 子の就学時までに日本人たる父が子を認知（強制認知を含む。以下この提案において同じ）した場合には無条件で、また、子が成年に達するまでに日本人たる父が子を認知した場合には第三者保護要件つきで、それぞれその子に日本国籍の遡及的取得を認める。

立法論については、筆者はまだ解釈論の延長として思いをめぐらせている段階であり、今後さらに検討を続ける必要があろう。

50

第4章　生後認知による日本国籍の取得について

第1節　はじめに

　2008年6月4日の最高裁大法廷判決[(1)]は、同年改正前[(2)]の国籍法3条1項が、日本国民である父の認知を受けた婚外子について、父母の婚姻により婚内子の地位を取得（準正）した場合に限り日本国籍の取得を認めることによって、父母が婚姻しない限り日本国籍を取得することができないという区別をしているのは、合理的な理由のない差別であり憲法14条1項に違反するとして、日本人男性に生後認知された子につき法務大臣への届出による日本国籍取得を認めた。本件は、国籍法の規定を違憲と判断した初めての事例であり、実務的にも学問的にも重要なものと言えよう。

　この判決を受けて法務省はさっそく国籍法の改正に着手し、その年のうちに法案を作成して国会に上程し、国会でも審議を急いで年内に改正法を公布し翌2009年元旦から施行という素早い対応を見せた。その内容は、最高裁判決で指摘された国籍3条1項の「婚姻」要件を削除し、生後認知を受けた子が法務大臣に届出ることによって日本国籍を取得できるというものである。[(3)]

───────────────

（1）　退去強制令書発付処分取消等請求事件、最高裁大法廷2008年6月4日判決、破棄自判。判例時報2002号3頁。関連文献として、浮田徹「国籍法3条1項が憲法14条に違反するとされた事例（国籍法違憲訴訟最高裁大法廷判決）」速報判例解説─ TKCローライブラリー憲法19、榎透「国籍法違憲訴訟最高裁大法廷判決」法学セミナー645号126頁、奥田安弘「国籍法違憲訴訟に関する最高裁大法廷判決」法律時報80巻10号1頁、近藤博徳「国籍法違憲訴訟─大法廷判決獲得までのあゆみ」法学セミナー651号26頁、竹下啓介「国籍法3条1項を違憲とした最高裁判決」法学セミナー647号6頁、村重慶一「国籍法3条1項違憲判決」戸籍時報629号80頁がある。また、ジュリスト1366号44頁以下には、最高裁判決をめぐる特集が組まれている。
（2）　2008年12月12日公布・法律88号。翌年1月1日施行。
（3）　条文は次の通り。
　　（認知された子の国籍の取得）
　　第3条　父又は母が認知した子で20歳未満のもの（日本国民であった者を除く。）は、認知を

第4章　生後認知による日本国籍の取得について　*51*

　この改正をめぐっては、生後認知で日本国籍が取得できるとなると、日本国籍を取得するために虚偽の認知を行う者が増えるという強力な批判がなされたが、改正法の末尾に虚偽の届出をした者に対する罰則を盛り込むことや[(4)]、虚偽の認知による日本国籍取得の弊害を除去することを主眼とする附帯決議[(5)]を行うことで早期の改正が実現した。

　今回の改正については様々な評価があるであろうが、筆者としては、日本国籍の取得要件における婚外子差別の撤廃という意味では今回の改正を評価

　した父又は母が子の出生の時に日本国民であつた場合において、その父又は母が現に日本国民であるとき、又はその死亡の時に日本国民であつたときは、法務大臣に届け出ることによって、日本の国籍を取得することができる。

　2　前項の規定による届出をした者は、その届出の時に日本の国籍を取得する。

（4）条文は次の通り。

　（罰則）

　第20条　第3条第1項の規定による届出をする場合において、虚偽の届出をした者は、1年以下の懲役又は20万円以下の罰金に処する。

　2　前項の罪は、刑法（明治40年法律第45号）第2条の例に従う。

（5）2008年12月4日付け参議院法務委員会附帯決議の全文は次の通り。

　「国籍法の一部を改正する法律案に対する附帯決議

　政府は、本法の施行に当たり、次の事項について格段の配慮をすべきである。

　1　本法の施行により、生後認知された子も胎児認知された子と同様、届出のみで我が国の国籍を取得することができることとなることにかんがみ、本法の趣旨について十分な周知徹底に努めること。

　2　我が国の国籍を取得することを目的とする虚偽の認知が行われることがあってはならないことを踏まえ、国籍取得の届出に疑義がある場合に調査を行うに当たっては、その認知が真正なものであることを十分に確認するため、認知した父親に対する聞取調査をできる限り実施すること、当該父親と認れた子が一緒に写った写真の提出をできる限り求めること、出入国記録の調査を的確に行うこと等につき、調査の方法を通達で定めること等により、調査のための万全な措置を講ずるよう努めること。

　3　本法の施行後、改正後の国籍法の施行状況について、当分の間半年ごとに当委員会に対し報告するとともに、その施工状況を踏まえ、父子関係の科学的な確認方法を導入することの要否及び当否について検討する等、虚偽の届出を防止するために必要な措置を講ずること。

　4　ブローカー等が介在して組織的に行われる虚偽の認知による不法な国籍取得の動きが生じてはならないことを踏まえ、入国管理局、警察等関係当局が緊密に連携し、情報収集体制の構築に努めるとともに、適切な捜査を行い、虚偽の届出を行った者に対する制裁が実効的なものとなるよう努めること。

　5　本改正により、重国籍となる子供が増加する事態が起こり得ることにかんがみ、重国籍に関する諸外国の動向を注視するとともに、我が国における在り方について検討を行うこと。

　右決議する。」

　なお、以上の内容は参議院のウェブサイトの次の箇所に掲載されていたものによった。

　http://www.sangiin.go.jp/japanese/gianjoho/ketsugi/170/futai_ind.htm

52 第1部 論 説

する一方、今回の改正のきっかけとなった上記最高裁判決（以下、本稿では単
に「最高裁判決」とする）や、国籍法3条につき初めての違憲判断をした原々
審たる一審判決（以下、本稿では単に「一審判決」とする）、そして今回の改正の
内容そのものに対しても、違和感を感じ、全面的に賛同することができない
部分がある。そこで本稿では、それらの違和感について論じた上で、生後認
知による日本国籍取得要件に関する国籍法改正に、筆者なりの見解を示すこ
ととしたい。

第2節 国籍法違憲訴訟一審判決について

まずは、今回の国籍法改正のそもそものきっかけを作った一審判決につい
て見てみよう。事案は、外国人女性を母とし、日本人男性を父として日本国
内で生まれた原告（1997年生まれの男児）が、出生後に父から認知されたこと
を理由に法務大臣宛に日本国籍取得届を提出したところ、原告が日本国籍取
得の要件を満たしているとは認められないとの通知を受けたので、国に対し
て原告が日本国籍を有することの確認を求めたというものである。

なお本件訴訟（控訴審・上告審を含む）との関係で「国籍法」という場合に
は、2008年改正前の国籍法を指すものとする。

（6） 退去強制令書発付処分取消等請求事件、東京地裁2005年4月13日判決、認容（控訴）。判例
時報1890号27頁。関連文献として、木棚照一「日本人より生後認知を受けた、父と内縁関係に
ある外国人母から生まれた子が法務大臣宛に国籍取得届を提出した場合に、国籍法3条に定め
る届出による国籍取得を認めないのは、憲法14条1項に反するとして日本国籍を認めた事例」
判例タイムズ1215号252頁、君塚正臣「国籍法3条1項は父母が内縁関係にある認知された非嫡
出子を排除する限りで憲法14条1項違反であり、その子は届出により日本国籍を取得できるか
（積極）」判例評論566号14頁（判例時報1918号176頁）、近藤敦「父母が内縁関係にある非嫡出子
の届出による国籍取得の差別―国籍法違憲訴訟」法学教室・判例セレクト2005（憲法2）4頁、
同「国籍法3条1項と憲法14条1項」法学セミナー607号118頁、佐野寛「外国人を母とし、日
本人父から生後認知された子について届出による日本国籍の取得を認めた事例―国籍法3条1
項違憲訴訟1審判決」私法判例リマークス32（2006（上））132頁、清水真琴「日本人父から生
後認知された嫡出でない子が、国籍法3条の国籍取得届により日本国籍を取得したとされた事
例について」民事月報60巻9号36頁、高佐智美「国籍法3条1項の嫡出要件と憲法14条」ジュ
リスト1313号15頁、同「婚外子差別の国籍法違憲地裁決定」法学セミナー620号6頁、峯金容子
「国籍法3条1項の合憲性」民事研修581号33頁がある。

第4章　生後認知による日本国籍の取得について　*53*

1　原告の主張

　原告は、国籍法3条1項が、日本人父の認知を受けた婚外子について、父母の婚姻があったときに限り日本国籍の取得を認めているのは、憲法14条1項に反し違憲無効であると主張した。その根拠としては、胎児認知と生後認知との差別、母子関係と父子関係との差別、準正子と婚外子との差別を取り上げ、それぞれが合理性のないものであり、仮装認知のおそれや簡易帰化制度の存在を考慮してもこれを正当化することはできないとした。そして、被告が国籍法3条について「日本国民たる親の婚姻により準正された子は、実質的に日本国民の家族に包摂されることによって日本社会と密接な結合関係を生じる」ことから「日本国籍付与に際して父母の婚姻を要求した」と述べたのを批判して、国籍取得の要件において国籍法2条1号は親子の実質的結合関係を全く考慮しおらず、また3条の場合でも子が日本人家族に包摂されることを重視しているわけではないとして、上記の説明は成り立たないと述べた。

　原告の日本国籍取得時点については、はじめ法務大臣への届出時にと主張したものの、続けて法務大臣への届出要件自体も無効であるとして認知時点で日本国籍を取得したと主張し、さらには認知に遡及効を認めるべきであるとして出生時に遡って日本国籍を取得したと主張した。

　なお、被告が主張した2002年の最高裁判決(7)については、国籍法2条1号の解釈を示したものであり、3条1項の合憲性については何も判断していないと反論した。

2　被告の主張

　被告は、国籍は国家の対人主催の範囲を画するものであり、国籍取得要件は諸般の事情を考慮して政策的に定めるべきであるから、準正子と婚外子との区別についても、立法理由に合理的な根拠があり、かつ、その区別が立法理由との関係で著しく不合理ではなく、立法府の裁量の限界を超えていない限り、違憲ではないと主張した。そして国籍法は、血統という生物学的要素

（7）　最高裁第2小法廷2002年11月22日判決。判例時報1808号55頁。

54　第1部　論　説

を絶対視せず、親子関係によりわが国と密接な結合関係が認められる場合に日本国籍を付与するとの政策に基づき、２条１号では子の出生時に日本人の父又は母と法律上の親子関係があることをもってわが国と密接な関係があるとして日本国籍を付与する一方、３条１項では、日本人父に生後認知されたに過ぎない子は父との実質的結合関係やわが国との密接な結合関係の有無に疑問があるが、父母が婚姻して準正が成立すれば日本人家族に包摂されてわが国とも密接な結合関係を有することが明らかになるから、本人の意思により簡易な手続で日本国籍を与えることにしたものである、と主張した。

　なお、原告の主張する認知の遡及効については、1997年の最高裁判決を引用して、２条１号において認知に遡及効が認められないことは明確だとした。[8]

3　裁判所の判断

　以上を受けて裁判所は、国籍法２条１号の規定に合理性があることは2002年の最高裁判決が示しているから、同号は違憲ではないとした。他方、国籍法３条１項については、準正子とそうでない婚外子との間に区別を裏付ける事情として被告が主張したところの、

①準正子は日本人親と共同生活している者が多くわが国との結び付きが強いが、それ以外の婚外子についてはそう言えない

②準正子にも国籍取得を認めると、国籍取得を狙った仮装認知が横行する

③婚内子と婚外子の区別は民法等も認めており、それはわが国の伝統を反映した結果だから合理的根拠がある

④準正による国籍取得が認められなくても簡易帰化制度により救済が可能である

について検討した結果、①の当否が問題であるとしてその点を検討した。そして、国籍法３条の適用対象となる子の場合、その出生時に日本国籍取得が認められなかったため、そのほとんどが外国籍を取得し、その国との間に何らかの結び付きが生じていることも考えられるから、親子関係だけで日本国

（8）　最高裁第２小法廷1997年10月17日判決。民集51巻９号3925頁、判例時報1620号52頁。

籍を与える理由はないとした上で、親子関係に加えてわが国との間に何らか
の結び付きがあることを国籍取得要件として課すことには合理的な理由があ
るが、それは父母間に法律上の婚姻関係が成立した場合に限られず、重婚的
なものも含めた内縁関係が成立している場合にも同様に扱うべきであるとし
て、父母が婚姻した場合と内縁関係にある場合とを国籍取得要件として区別
し、前者の場合のみ子の日本国籍取得を認める国籍法3条1項は、合理的な
理由のない区別を生じさせている点で憲法14条1項に違反する、と結論づけ
た。

　そして憲法違反の効果としては、国籍法3条1項の「父母の婚姻」には内
縁関係を含む趣旨であると解釈することも不可能ではないが、「嫡出子」の
部分は父母の間に法律上の（婚姻届に基づく）婚姻関係が成立することを当然
の前提としていると解さざるを得ないから、その「嫡出」の部分が一部無効
となり、結局、一部無効となった後の同項は、父母の婚姻（内縁関係を含む）
及びその認知により子としての地位を取得した者について、一定の要件（年
齢、届出など）の下に日本国籍の取得を認めた規定として理解すべきこととな
るとした上で、原告についてはそれらの要件を満たすため、国籍取得の届出
により日本国籍を取得したものと判断した。

4　一審判決への疑問

　この判決は、国籍法3条の規定を初めて憲法違反とした、という点では画
期的な判決である。国籍法上の婚外子差別に真正面から斬り込み、憲法14条
違反としたことには大きな意義がある。ただ、判旨にはいくつか疑問がある
ので、以下指摘したい。

　まず、国籍法2条1号と3条1項の関係について。そもそも2条1号の規
定は、その文言上、認知の遡及効の有無については何も（積極的にも消極的に
も）規定しておらず、その規定自身の解釈としては何れの解釈も可能なはず
であるが、従来は「国籍の浮動性防止の観点」から認知の遡及効が否定され
ていた。そして、その解釈を前提とすれば準正婚内子が日本国籍を取得する
には帰化によらねばならないという状況を改善し、生来婚内子とのバランス
をはかるために3条が新設された。その3条自身も、「認知」と規定しては

56 第1部 論 説

いるものの、生後認知に限る旨は文言上どこにも明示されていない。要するに、両規定の役割分担は、従来から2条1号の解釈を前提として初めて理解できるはずなのである。従って、3条の合憲性について検討するのであれば、必然的に2条の解釈（認知の遡及効否定）の合憲性とセットで検討することが必要不可欠であるように思われる。しかし一審判判決は、2条については2002年の最高裁判決に無批判に従っており、3条だけを切り離して議論している。これは、両規定の関係を正当に反映させた議論とは言えず、疑問である。ただしこの点について、筆者としては、原告の主張方法にも疑問を感じる部分がある。すなわち、原告は2002年の最高裁判決に言及する際に、同判決の趣旨が3条の解釈に影響しない点は明確に主張しているものの、同判決が採用した2条の解釈自体に対しては必ずしも明確な批判をしないまま、結論部分で唐突に認知の遡及効を主張しているように感じられるのだが、これでは裁判官に対するアピールとして必ずしも効果的とは言えないのではなかろうか。

　次に、国籍取得要件としての法的親子関係と、その背後にあるとされる「親子ないし家族との結合関係」及び「我が国との結合関係」の妥当性について。被告は、出生時に日本人と法律上の親子関係にある子については、親子の実質的結合関係が認められ、ひいては我が国との結合関係が認められるから、日本国籍を与えることができ、他方、生後認知された子については、父母が婚姻して準正が成立することによって日本人家族に包摂され、よって我が国との結合関係が認められるから、日本国籍を与えることができる、と考えているものと解される。これに対して原告は、出生時の法的親子関係の有無が必ずしも親子の実質的結合関係の違いをもたらすとは限らないし、父子関係と母子関係の実質に差異があるとしてもそれが本来的な差異であるか疑問であり、国籍取得要件に差異を設ける根拠にはならない、また、父母の

────────

（9）　判例時報1890号31頁2～4段目参照。ここで原告は、2002年の最高裁判決は国籍取得要件について立法府の広範な裁量を認める表現を避けている、同判決は婚外子差別を容認したものではない、同判決は3条1項の合憲性につき何も述べていない、国籍の伝来的取得の場面では同判決が重視した国籍の浮動性防止は無関係だから同判決は差別を正当化しない、と主張しているが、ここから同判決における2条の解釈自体に対する批判を読み取るのは困難なように思われる。

第4章　生後認知による日本国籍の取得について　　57

婚姻により国籍取得要件に差異を設けることにも格段の合理性はない、さらに、そもそも国籍法は父母の婚姻や親子の実質的結合、子の日本人家族への包摂を国籍取得の要件として重視しているわけではない、と反論している。もし被告の主張が、国籍法の根本的な改正のための立法論として論じられているのであれば、一般的な国籍取得要件として日本人父母との実質的結合関係の有無や、わが国社会との密接な結合関係の有無を明文で規定することの是非は、十分議論に値する重要な論点のひとつであると言えるであろう。しかし、ここでの議論は立法論としてのそれではなく、国籍法の規定をどのようにして憲法に適合的に解釈するかが問題となっているのであるから、そこに不文の要件を持ち込むことには慎重であるべきであろう。また、3条が父母の婚姻を要求した趣旨は、生来婚内子の国籍取得要件との均衡を重視し[10]、日本国民たる親の婚姻により準正された子が日本国民の家族[11]に包摂されることによって日本社会と密接な結合関係を生ずると解した点にあるとされている[12]が、国籍取得要件の均衡を問題にするというのであれば、生来婚内子だけではなく、婚外子との均衡をも同様に考慮すべきではないのか。また、親子関係や夫婦関係を通じての家族間の密接な結合関係と、わが国との密接な結合関係が常に同時に満たされるわけではなく[13]、両者の間に十分な関連性があるかも疑わしい。少なくとも解釈論の範囲内では、それらの結合関係を国籍取得の実質的要件として導入することには疑問を感じる。

　最後に「婚姻」に「内縁関係」を含むとする合憲的解釈のあり方について。3条に規定された「婚姻」要件について、社会保障立法における「配偶者」の定義を念頭に置きつつ、そこに「内縁関係」をも含むものとして解釈する姿勢は、司法権の限界を認識し、既存の条文を改めることなくできる限り憲法に沿うように解釈し直すという努力の一環としては評価できないもの

---

(10)　清水・前掲注6・50頁。
(11)　夫婦の何れかが日本国民である婚姻家庭を念頭に置いたものであろう。
(12)　細川清「国籍法の一部を改正する法律の概要」民事月報39巻6号15・16頁。
(13)　例えば海外在住の日本人・外国人夫婦から生まれ、そのまま外国在住を続ける婚内子の場合、その子が日本人を構成員とする家族との間に密接な結び付きを有する場合があることは容易に想像できるが、果たしてそのような子について一般的にわが国との密接な結び付きを認めることが妥当か否かは疑問であろう。

58　第1部　論　説

ではない。しかし、実定法上すでに固有の意味づけがなされている「内縁関係」という概念を国籍取得の要件に取り込もうとすると、国籍取得要件として本来考慮すべき要素（子自身とわが国との関係）とは異なるもの（父母と子との関係）が幅をきかせてしまう危険性はないのだろうか。また本件の場合、子の父（日本国民）は母子に生活費を交付してこれを扶養し、また子の母以外の女性と婚姻関係にあるものの、週末等定期的に母子宅へ宿泊するなどして交流し、対外的にも子の父としての役割を果たしているとはいうものの、我々が一般的に受け入れている民法上の「内縁関係」概念には十分に適合しないものを感じる。それを敢えて国籍取得要件に組み込んだことによって、国籍法の解釈のあり方としても、本件事例への当てはめとしても、不自然な印象を拭えない状況になっているように思われてならない。

第3節　国籍法違憲訴訟最高裁判決について

　次に、上記一審判決を覆して日本国籍の取得を認めなかった控訴審判決[14]をさらに覆し、日本国籍の取得を認めた最高裁判決について見てみよう。

1　多数意見の見解

　多数意見はまず、国籍法3条1項の規定は、その立法目的に合理的な根拠がない場合、又はその具体的な区別と立法目的との間に合理的関連性が認め

---

(14)　退去強制令書発付処分取消等請求控訴事件、東京高裁2006年2月28日判決、取消・棄却（上告）。家裁月報58巻6号47頁。関連文献として、澤田省三「退去強制令書発付処分取消等請求控訴事件」戸籍807号11頁、奥田安弘「国籍法違憲訴訟控訴審における意見書」中央ロー・ジャーナル2巻3号82頁、同「国籍法違憲訴訟審における意見書〔その2〕」中央ロー・ジャーナル2巻4号62頁がある。この判決は、国籍法2条1号の規定が日本人父に生後認知された子（以下この注では「生後認知子」という）に適用されないのはその文言及び趣旨に照らして明らかであり、また、もし3条1項が違憲無効であるとすれば、同項の要件を具備する子でも日本国籍を取得できなくなるに過ぎないから、3条1項が違憲無効であることを理由に生後認知子の日本国籍取得を主張するのは明らかな矛盾であるとした。しかし、かかる結論は、3条1項が違憲である場合にはその全部が無効となる、また2条の解釈については従来の判例に従う、との立場を前提として初めて成り立つものであり、あたかもそれが論理必然の結果であるかのような判示には疑問を感じざるを得ない。また、この判決は立法目的を過大視し、司法府の違憲立法審査権の範囲をあまりに狭く捉えている点でも疑問である。

られない場合には、憲法14条１項に違反するものと解される、という一般論を展開した。次に、国籍法３条１項の立法目的を、日本国籍を生来的に取得しなかった者について、①日本国民との法律上の親子関係の存在に加えてわが国との密接な結び付きの指標となる一定の要件を満たす場合に限り出生後の日本国籍取得を認めたものであるとした上で、②かかる目的を達成するための手段として準正その他の要件を設けたものと解した。そして、①の立法目的自体については、特に詳細な議論を展開することもなく合理的な根拠があると断定した。他方、②の手段については、立法時（1984年）の社会通念や社会的状況下では父母の婚姻に重きを置くことに相応の理由があり、①の立法目的との間に一定の合理的関連性があったものとしたが、その後の社会通念や社会的状況の変化により、今日では必ずしも家族生活等の実態に適合せず、立法目的との間に合理的関連性を見出し難いなどとして、憲法14条１項に違反するとの結論を導き出している。

　その場合の国籍法３条１項の解釈については、同項全部を無効とすることは血統主義の補完という国籍法の趣旨を没却するものであり採り得ないとした上で、同項の要件のうち父母の婚姻により婚内子の地位を取得したという部分を除いたものを満たす場合に法務大臣への届出により日本国籍を取得できるとすることにより、合憲的で合理的な解釈が可能になるとした。

2　補足意見等の見解

　多数意見に対しては、６人の裁判官が補足意見を、また１人の裁判官が意見を述べているが、その中で注目すべきだと筆者が考えるのは、以下の部分である。まず、泉裁判官の補足意見は、日本国民である父に生後認知された子は準正が成立しなくても日本社会との結合関係を現に有するのであって、それは２条の定める場合とそれほど変わらない、としている。また、国会が将来、国籍法３条を憲法に適合する方法で改正することはその立法裁量に属するとも述べている。次に、今井裁判官の補足意見は、国籍法３条は非準正子に日本国籍取得を認めないこととする積極的な立法裁量権を行使したこと

---

(15)　補足意見とはされていないが、多数意見の結論を支持している点で補足意見に類することから、ここで取り上げることにする。

60 第1部 論 説

は明らかだとしている。また、今後国会がその裁量権を行使して、日本人を
父とする生後認知子の国籍取得につき、準正要件に代えて憲法に適合する要
件を定める立法をすることは妨げられないのは言うまでもないとしている
（那須裁判官、涌井裁判官は今井裁判官に同調した）。次に、田原裁判官の補足意見
は、3条1項全体を無効とし、認知の遡及効を国籍との関係でも認めて、生
後認知子にも2条1号により日本国籍を認めるという解釈の可能性を提示し
た上で、かかる解釈をとると、子の意思と無関係に国籍を認めることの是非
や二重国籍の問題、さらに遡及効に伴う問題が生じ、それらを解釈論で一義
的に解決するのは困難なので、立法による解決を図るしかないとして、多数
意見の結論を支持した。次に、近藤裁判官の補足意見は、多数意見が3条1
項の要件から準正要件を除いたものをもって国籍取得を認めることが立法府
による立法政策上の裁量権を不当に制約するとの批判があり得るとした上
で、多数意見の出した結論はあくまで現行国籍法を憲法適合的に解釈した結
果であり、国籍法改正により他の要件を付加することが憲法に違反するとい
う意味ではないとした。最後に、藤田裁判官の意見は、3条1項の趣旨は準
正子を一般の帰化より優遇することにあり、違憲の問題は生じないのであっ
て、法解釈としては同項を活かす方向で考えるべきことは当然であるとした
上で、立法府が非準正子の簡易帰化を認める（8条）のは日本国民の子によ
る日本国籍の取得につき優遇措置を認める趣旨であり、しかも国籍取得につ
き準正子と非準正子の間に設けられた区別には合理性がなく違憲なのである
から、非準正子にも準正子と同じ条件で国籍取得を認めることが合理的であ
り、しかも立法権の侵害とは言えないとした。

3 反対意見の見解

　横尾裁判官、津野裁判官、古田裁判官の反対意見は、国籍付与の条件をど
う定めるかは広い立法裁量にゆだねられており、国籍法は出生時に日本国民
の子である者には一律に国籍を付与する一方、出生後に日本国民の子となっ
た者についてはわが国社会との結び付きを具体的に考慮して国籍付与の有無
を決めているところ、非準正子はわが国との結び付きの程度が様々であるか
ら、これを個別具体的に判断する帰化制度によるのが合理的である、3条1

項の主体はあくまで婚内子の地位を取得した子であり、それを日本国民たる父に認知された子全般に拡大するのには無理がある、多数意見に従うと、長年日本と無縁に生活している者にも認知と国籍取得届さえあれば国籍取得を認めることになるが、それは出生後の国籍取得につきわが国社会との密接な結び付きを求める国籍法の体系に合致しない、として、本件につき日本国籍を認めるのは問題があるとした。

他方、甲斐中裁判官、堀籠裁判官の反対意見は、国籍法は創設的・授権的法律であり、その要件を満たさない場合には立法不作為が存在するに過ぎないのであって、非準正子が国籍を取得できないのもそうである⁽¹⁶⁾、従ってその解決は立法府である国会に委ねるべきである、とした。

4 反対意見への疑問

多数意見、補足意見等と反対意見との最大の相違点は、国籍法3条の性質に関する理解であろう。同条立法の経緯を考えると、もともと認知の遡及効を認めないという前提の下で運用されてきた2条1号の存在を前提として⁽¹⁷⁾、日本人夫婦の子に日本国籍を与えるという考え方を準正による婚内子にも拡張するために同条は立法された。その点を重視すれば、確かに同条は創設的授権的規定であり、これを無効にすることは日本国籍を付与する範囲を狭めることになるだけであって、国籍法の理念に逆行するという評価も不可能ではないであろう⁽¹⁸⁾。しかしその反面、同条の立法時には、2条の解釈を再検討することもなく、また非準正子への国籍取得を検討しつつ結局はこれを否定していた点をあわせ考えると、同条の立法は非準正子への（帰化によらない）国籍取得を明確に否定する、つまりその分だけ国籍取得の範囲を狭めることを意図していたとも言えるはずである。仮に3条を無効にしたとしても、その無効にする部分いかん、また2条の解釈いかんによって、国籍取得の範囲を拡張することは可能であるから、これを無効としても国籍法の理念には決

---

(16) 特別規定や制限規定が違憲ならそれを無効とすることで権利付与が可能となるが、本件はそれとは異なる。

(17) 日本国民に生後認知された子は帰化によらない限り日本国籍を取得できないことになる。

(18) 国籍法3条を授権的規定ととらえる点では、藤田意見も反対意見に同調している点には注意が必要であろう。

62　第1部　論　説

して反しないものと言うべきである。

　もう一点、反対意見は非準正子と日本社会との結び付きの有無・程度が様々であることから、父による認知と国籍取得届だけで日本国籍を付与することに難色を示しているが、2条でカバーされていると従来解されてきた生来婚内子、婚外母子関係、胎児認知の場合について考えたとしても、その結びつきの有無・程度は様々に異なるはずである。にもかかわらず、非準正子の場合だけをことさらに取り上げて国籍付与に難点があるかのような言い方をすることには、違和感を覚えざるを得ない。

第4節　改正前国籍法3条1項の解釈について

　一審判決及び最高裁判決に対する以上のような分析を踏まえた上で、以下では、国籍法の合憲的解釈のあり方について私見を提示する。

1　国籍法2条1号・3条1項の違憲性

　まず、国籍法2条1号・3条に基づいて、日本国民である父に認知された非準正子が日本国籍を取得できないとすることは、憲法14条1項に反するか。

　子の国籍取得について父母の婚姻を要件とする考え方は、血統主義という親子間の縦のつながりから子の国籍取得を導く考え方の中に、子の父母の間の婚姻関係という横の関係を介在させるものであり、血統主義に異質な要素を持ち込むものである。そして、他の事情が同じであっても、父母が婚姻関係にあるか否かによって子の国籍取得の可否が左右されることは、国籍取得を望む子にとって「どうにもできない」事情により国籍取得が制約されることを意味するから、憲法14条1項の定める法の下の平等に反し違憲無効であ

---

(19)　国籍取得を望む子から、母に対して母子関係の存在確認を請求することや、父に対して認知請求をすることは可能であるから、それらは子にとって「どうにかできる」ことであると言える。他方、胎児認知については子から胎児認知を請求することはできないから、従来のように生後認知による国籍取得を認めないと、父との関係も子にとっては「生まれてからではどうにもできない」ということになるが、合憲的解釈によって生後認知による国籍取得を認めれば、「生まれてからでもどうにかできる」ことになろう。それに対して父母の婚姻は、子にとって一

第 4 章　生後認知による日本国籍の取得について　　*63*

ると考えるべきである。

　それらの規定 (文言及び従来の解釈) の合憲性を主張する見解は、立法裁量権の広範さを強調する一方、子の国籍は出来る限り出生の時点で確定すべきこと (国籍の浮動性を防止することの必要性) から、生後認知子の国籍取得を消極的に解している。また、国籍法は親子・夫婦といった家族関係を通じてわが国と密接な結合関係が認められる場合に日本国籍を付与するとの政策を採用しており、子の出生時に日本人の父又は母と法律上の親子関係がある場合や、日本人の父に認知され、かつ父母が婚姻した場合 (準正が成立した場合) には、それらの親子関係や家族関係を通じて日本国籍の付与に値する程度にわが国と密接な結合関係が成立するが、日本人父に生後認知されたに過ぎない子は父との実質的結合関係やわが国との密接な結合関係の有無に疑問があると主張する。

　しかし、これらの主張にはそれぞれ疑問がある。まず、国籍取得基準として血統主義を採用するか生地主義を採用するか両者を組み合わせるか、あるいは帰化の要件をどのように設定するか、などの点について立法府が広範な裁量権を有することは、憲法10条の規定から読み取れるとしても、具体的な事例について司法判断が求められている場面において、憲法14条 1 項との関係においてまで立法裁量権を強調し過ぎることは、憲法81条が規定する違憲立法審査権の実質的な切り崩しにもなり得る点で疑問であるし、わが国も批准している市民的及び政治的権利に関する国際規約24条 3 項や児童の権利に関する条約 7 条 1 項が国籍を取得する権利を規定していることとの関係でも問題が生ずる。あくまで、立法目的の合理性やそのための手段のしての立法内容の合理性を具体的に検討し、それが憲法14条 1 項の許容する範囲内の合理的なものであるか否かを検討すべきである。

　次に、国籍の浮動性防止については、日本人父が嫡出否認 (筆者注・婚内子

　　生涯「どうにもならない」事情であり、それによって国籍取得の可能性が否定されるのは、子にとってあまりに酷であると言うべきである。
(20)　すべての児童は、国籍を取得する権利を有する。
(21)　児童は、出生の後直ちに登録される。児童は、出生の時から氏名を有する権利及び国籍を取得する権利を有するものとし、また、できる限りその父母を知りかつその父母によって養育される権利を有する。

64 第1部 論 説

であることを否定するための手続)した場合や日本人父との親子関係不存在確認がなされた後の日本国籍の喪失のように、国籍との関係でも遡及効を認める場合があるにも関わらず、生後認知についてことさらに遡及効を否定することの妥当性には疑問がある。また、解釈上遡及効を認めることが第三者との間で問題を生ずる恐れがあるのであれば、民法784条ただし書の適用ないし類推適用によりその弊害を最小限度にとどめるという解釈上の工夫は可能であり、それにもかかわらず敢えて遡及効自体を否定しなければならないほどの弊害が遡及効に伴うとも思われない。もし将来的にそのような弊害が具体的に生ずる恐れがあるというのであれば、国籍法改正においてその点の手当をすればよいだけのことであり、個別事案の救済を本旨とする司法解釈においてそこまでの考慮を払うことによって違憲判断を差し控える必要はないものと筆者は考える。

　最後に、国籍法が採用していると主張される「親子・夫婦といった家族関係を通じてわが国と密接な結合関係が認められる場合に日本国籍を付与するとの政策」であるが、3条を追加するための国会審議においてそのような説明が政府委員からなされたことは事実だとしても、それは国籍法には何ら直接規定されているものではなく、そのような政策の存在を仮定して解釈することが可能であるという程度に過ぎない。立法論としてであればともかく、解釈論の段階でそのような政策を条文に読み込むことによって特定の解釈を正当化しようとすることには疑問がある。

　この最後の点に関連して、一審判決は、3条の立法目的は合理的であり、準正要件と立法目的の間にも立法当時は合理的な関連性があったが、その後の社会の変化等により今日ではその関連性が失われている旨の判断をしている。しかし、その後の社会の変化等の部分に必ずしも十分な説得力がなく、この論法では、結局現時点でも立法目的との間に合理的関連性があるとの判断を導いてしまいかねない面があるように思われる。むしろ、立法当時から

----

(22)　高佐・前掲注6（ジュリスト）・16頁、奥田安弘『国籍法と国際親子法』（有斐閣・2004）226頁。

(23)　この点は最高裁判決の横尾裁判官等の反対意見で指摘されているが、その部分に限っていえば筆者も共感を覚える。

第4章　生後認知による日本国籍の取得について　　*65*

異論のあった同条には立法当初から過誤があった、あるいは少なくともその後の婚外子差別撤廃への流れの中で立法目的そのものの合理性を失ったと考えるべきではなかろうか。

　以上から、筆者は国籍法2条1項で認知の遡及効を認めない解釈及び3条の規定は、憲法14条1項に違反し無効であるものと解する。

2　国籍法2条1号・3条の合憲的解釈

　では、かかる違憲状態を解釈論として救済することが可能か、またいかにして可能か、という点につき以下検討する。

　最高裁判決における甲斐中裁判官ほかの反対意見のように、国籍法が非準正子に対して国籍取得のみちを閉ざしていることを憲法14条1項違反であるとしながら、違憲となるのは非準正子に届出により国籍を付与する規定が存在しないという立法不作為の状態であり、その救済は専ら新たな立法によるべきであって、国籍法3条1項の解釈によって救済をはかろうとするのは法解釈の限界を超える、との立場もあり得よう。しかし、衆議院定数格差の違憲のような場合とは異なり、特定の個人に対する国籍の付与が争われているケースについて、実定法の合憲的解釈により個別救済をはかることが可能であるにもかかわらず、あえてそれ否定し、立法にすべてを委ねるという態度は、司法的救済を過度に抑制するものであり、憲法により与えられた違憲立法審査権の行使の仕方としてあまりに消極的に過ぎる。国籍法の規定が憲法違反である以上、何らかの形で合憲的な解釈を行い、国籍の付与を認めるべきである。

---

(24)　木棚照一「国籍法の改正─国籍法はどの程度『国際化』されたか」法学セミナー1984年11月号60頁、座談会「国籍法改正に関する中間試案をめぐって（上）」ジュリスト788号209頁における山田教授の発言などを参照。

(25)　学説上、憲法上の平等原則違反を除去する方策が複数存在する場合、その選択は立法者の権限に属し、裁判所がそれを先取りすることは許されないとする説が多数であるとされる（佐野・前掲注1・134頁）が、およそ平等原則違反除去の方策が1つしか考えられないような場合があるのか疑問である。例えば刑法上の尊属殺人重罰規定（旧200条）について考えても、平等原則違反の除去の方策としては、同条全体を違憲無効とする（1973年の最高裁大法廷判決が採用した方策）以外に、同条の法定刑の下限を執行猶予が可能な年数まで引き下げるといった方策も考え得る。しかしこのように考えると、およそ司法的救済などというものは期待できなくなり、違憲立法審査権は空手形となってしまうのではなかろうか。

66　第1部　論　説

　ではいかなる形での合憲的解釈を行うべきであろうか。3条1項で求められている国籍取得要件は「日本人父による認知」「日本人父と外国人母の婚姻・子の婚内子としての身分の取得」「法務大臣への届出」の3点であるが、認知要件は2条における父子関係の発生に対応するものであると考えることができるから、3条独自の要件は婚姻要件と届出要件の2つでり、それに2項の遡及効制限を加えた3つが3条独自の内容であると言えよう。従って、2条・3条を一体と考えて合憲的に解釈する場合の解釈方法としては、婚姻要件・届出要件・遡及効制限のうちのどれを無効と解するかによって、以下のような複数の考え方があり得ることになる。1つ目は、3条すべてを違憲無効として、生後認知を受けた子についても2条1号の規定により国籍を付与する考え方である。この場合、法務大臣への届出は必要なく、また認知には遡及効を認めるので生後認知でも出生時に遡って国籍を取得することになる。2つ目は、3条1項の婚姻要件と3条2項の遡及効否定を違憲無効として、認知と法務大臣への届出を要件として出生時に遡って国籍を付与する考え方である。3つ目は、3条1項の婚姻要件と届出要件を違憲無効と考え、それにあわせて2項の届出時を認知時と読み替えて、認知を要件として認知時に国籍を付与する考え方である。そして4つ目は、3条1項の婚姻要件のみを違憲無効と考え、認知と届出を要件として届出時に国籍を付与する考え方（最高裁判決及び一審判決はこの考え方を採った）である。

　考えてみると、もともとこの問題は、2条の解釈において「出生時における親子関係の確定」にこだわり、認知の遡及効を国籍との関係で否定する解釈論が前提となって、それを補完するために3条を新設したところから発している。従って、最も根本的な解決は、2条の解釈を変更し、認知の遡及効を肯定することによって、胎児認知と生後認知、母子関係と父子関係の格差をなくすことにあると言うべきである。しかし、三権分立の建前からする限り、違憲立法審査権の行使による違憲状態の是正は、その違憲状態から生じている弊害を除去するために必要な最低限の対応にとどまるべきであり、問題の根本的な解決は立法府の立法行為に委ねるべきであって、司法府がそこまで踏み込むべきではない、との論法にも説得力がある。ことは違憲立法審査権の本質に関わる問題であるので、これ以上の検討は筆者の能力の及ぶと

ころではないが、かかる違憲立法審査権の限界を踏まえて考えるとすれば、最高裁判決の多数意見のように、3条の立法趣旨や立法者の合理的意思を尊重し、あくまで同条の存在を前提として、その範囲内で最小限度の是正をはかるという考え方（上記のうち4つ目の考え方を採ることになる）が穏当であるということになろう。

第5節　国籍法改正のあり方について

2008年改正国籍法3条は、最高裁判決を受けて、届出による国籍取得の制度を存続させつつ、その要件から父母の婚姻と婚内子としての身分の取得を除外し、日本人たる父から認知された者が法務大臣へ届け出ること（及び他の若干の要件を満たすこと）によって日本国籍を取得する制度に改めた。

国会が最高裁判決を受けて迅速に対応しようとしたこと自体は筆者としても評価したいところだが、改正の内容についてはおおいに不満である。何故なら、そもそも今回の裁判では、一審判決から最高裁判決に至るまでの間に国籍取得要件について様々な見解が主張され、その中には国籍立法のあり方をめぐる重要な論点がいくつも含まれていたにもかかわらず、改正法の成立過程でそれらの論点が議論された形跡を伺うことができず、敢えて少しきつい言い方をすれば、最高裁判決の受け売りをしたようにしか見えないからである。今後見直しの機会はあるとしても、せめてもう少し時間をかけた議論を経て改正にこぎつけるべきだったのではないだろうか。

以下では、今後、この改正法を近い将来に見直す機会があることを祈りつつ、今回の改正に際して本来ならば検討すべきであった要素を提示した上で、筆者なりの改正私案を提示することとしたい。

---

(26)　筆者はかつて、「認知制度の変遷と国籍法」中央学院大学創立40年記念『春夏秋冬』89頁において、合憲的解釈の内容として国籍取得に遡及効を認めるべきことを述べたが、あくまで立法論と解釈論（合憲的解釈を含めて）とを区別し、根本的な問題解決は前者に委ねるとの考え方を採ることにより、本稿では合憲的解釈としては遡及効を認めない考え方に改めることとした。

68　第1部　論　説

1　子とわが国との密接な結び付き

　一審判決も最高裁判決も、生後認知子に届出時からの日本国籍付与を認めた点は同じであるが、一審判決が子とその父母との密接な結合関係を3条1項の「婚姻」に読み込み、それを通して子とわが国との密接な結び付きの存在を実定法上の要件として取り込むことによって合憲的解釈を導いたのに対して、最高裁判決はかかる取り込みをしなかった。この違いは、国籍法2条（子の出生前に生じた日本国民たる父母との間の法律上の親子関係から、父母間の関係如何に関わらず子の国籍取得を認める）と3条（子の出生後に生じた日本国民たる父との間の法律上の父子関係に加えて、父母の婚姻関係をも要件として国籍取得を認める）との間に存在していた不統一感をどちらの方向に引き寄せて解釈するのか、という解釈方針の違いによるものと解される。筆者は、解釈論としては前者の方向性を支持したが、立法論としては何れも検討に値するように思われる。

　ここで問題なのは、「血統主義とは何か」ということである。そもそも血統主義というのは、父母が自国民である場合にその子にも自国籍を付与する立法主義のことを言うが、自国民との親子関係に加えて付随的に他の要件を課すことも「血統主義」の範囲内で許されることについては異論なかろう。[27] 特に問題なのは、子と日本人父を含む家族との間の密接な結び付きや、子とわが国社会との密接な結び付きを、子の国籍取得の要件として明示的に要求すべきか否かである。言い方を換えれば、日本が国籍付与についてどこまでオープンな姿勢を取るべきか、という立法政策に関わる重大な問題である。例えば、日本人男性が海外に在住していた際に現地の女性との間に子を設けたが、その子を認知することもその女性と婚姻することも母子と同居することもないままで帰国したような場合に、後になってその男性がその子を認知したときは、（年齢制限や届出等の要件は求めるとしても）その子に日本国籍を付与してよいか、というようなことが問われることになろう。子が日本国籍を取得すれば、日本への入国・再入国は自由となる。もし日本への入国が日本人たる父の扶養を受けるためであるならともかく、性産業に従事させるなど子の福祉に反する目的であった場合には、子に日本国籍を認めることが却っ

---

(27)　竹下・前掲注1・7頁。

第4章　生後認知による日本国籍の取得について　　*69*

て子の福祉を害することにもなりかねない。そのような入国を防止するためには、日本国籍を与えない方がよい、という考え方も成り立ち得なくはない。しかし逆に言えば、そのような不当な目的による入国の蓋然性が類型的に低い、あるいは国籍付与を拒絶してもそのような入国を阻止することができないと思われる場合には、比較的緩やかに日本国籍を付与してもよいと考えられる。具体的には、子が出生以来その日本人父の扶養を受けている場合や、出生以来適法に日本に居住しているような場合がそうである。

　翻って２条と３条について考えてみると、それらの規定は、子の出生時に日本人たる父母との法律上の親子関係が確定している場合には、子に日本国籍を認めても子の福祉に反する結果となる蓋然性が低い、あるいは国籍付与を拒絶してもそのような入国を阻止することができないが、出生後に日本人父との親子関係が確定する場合には事情が異なる、という判断を前提としていると受け止めることも不可能ではない。しかし、筆者としては「子の出生時」の親子関係確定にこだわることには賛同できない。何故なら、子の生活実態は、母子関係か父子関係か、婚内子か婚外子か、父に認知されたか否か、胎児認知か生後認知か、などの類型だけで割り切れるほど単純なものではないのであって、いわゆる「典型的」とされる特定の生活パターンを過大視することは適切ではないからである。むしろ、従来の学説や判例があまりにも「出生時の国籍確定」にこだわってきたことが、憲法14条１項違反の問題を大きくしてきた元凶であるように筆者には思われる。親子や家庭のあり方は千差万別であるが、それらに目を奪われることなく、あくまで「その子に日本国籍を与えること」が求められるような状況にその子自身が置かれているか否かを問うべきである。

　なお、かかる要件を設定することは、次の（２）で述べる親子関係の科学的証明との関係でも意味がある。すなわち、親子関係の存否が直ちに国籍取得の可否につながるような立法をすることが、虚偽認知への１つの呼び水と

---

(28)　そのような可能性がゼロであることまでをも要求するのは非現実的であろう。

(29)　近藤・前掲注6（判例セレクト）４頁が「居住歴などを根拠に未成年者の『届出』による国籍取得の道を積極的に認めるべきであろう」としているのが参考になる。

(30)　例えば「夫婦とその婚内子とによる平穏な家庭生活」「生後認知した父からわずかな扶養料を受け取りつつ貧しく暮らす母子家庭」など。

70　第1部　論　説

なるように筆者には思えるのだが、それ以外に子と日本社会との結びつきを端的に問うような要件を設けることができれば、親子関係の科学的証明（を求めるとすればそれ）と相まって、虚偽認知による国籍取得の弊害を阻止する一助になるように思われる。

2　親子関係の科学的証明

　今回の国籍法改正において最も議論を呼んだのは、生後認知の場合の父子関係の証明方法である。議論は専ら3条1項との関係でなされているが、これは、父子関係の認定が厳密に行われないことによる弊害が、主として生後認知の場合に生じるものと考えられているためであろう。あるいは、そもそも議論の出発点が今回の改正批判にあるという点に原因があるのもしれない。しかし、考れてみれば胎児認知の場合にも同様の問題は生じ得るのであって、特に生後認知に限って議論する必然性は存在しない。[31]よって筆者はそのような区別をせずに考えることとする。

　認知は父の意思表示により親子関係を生じさせ、あるいは確定する制度であり、その前提には血縁上の父子関係の存在があるはずであるが、わが国では（そして恐らくは多くの国でも）認知届の受理に際して父子関係の科学的証明を要求していない。[32]しかし、父子関係の存在が国籍取得要件として機能する場面では、かかる制度上の盲点を突いて、例えば経済的に貧しい国の子どもを営利目的で日本に入国させる目的で日本人男性が虚偽の認知届を提出し、あるいは日本人男性の戸籍を借用してかかる届出を行う者が現れることは十分に予想できる。そこで、特に国籍取得との関係では親子関係の科学的な証明を求めるべきであるとの主張がなされることになる。[33]

---

(31)　胎児認知の場合を議論の対象外にすることについて説得的な論拠を提供しないままだと、「国籍法改正に反対するためにする議論だ」との余計な反感を招く危険性があるように思う。

(32)　もっとも、婚内子の場合でも、戸籍上の父との間の父子関係を科学的に証明するようなことは通常行われないから、特に婚外子だけが特別な扱いを受けているわけではない。

(33)　例えば、新党日本が作成した「国籍法の一部を改正する法律（案）」では、国籍取得届に「父又は母が認知した子と当該父又は母との親子関係の存在について法務大臣の指定する者がヒトの個体のデオキシリボ核酸の塩基配列の特徴により鑑定した経過及び結果を記載した書面を添付」することを要求している。改正案全文は、新党日本の公式サイトから入手できる。URLは次の通り。http://www.love-nippon.com/kokkai.htm#13

第4章　生後認知による日本国籍の取得について　*71*

　この主張の当否について、筆者はまだ結論を出せていない。ただ、この主張について検討する際、以下の点は考慮に値するように思われる。第一に、この問題は認知制度の根幹に関わる問題であり、本来は民法の見直しによって解決すべきものである。民法自体が親子関係（特に父子関係）の客観的な確定方法を樹立できれば、特に国籍との関係についてのみ別個の確認手段を工夫する必要はなくなる。ただ、民法改正によってかかる弊害が根本的に除去されることを期待できるような事情は特に伺われないし、ここで問われている弊害は国籍取得に絡む場合に固有のものであるから、それに対して国籍法上特別の規制が必要であるという主張にはそれなりに説得力がある。

　第2に、父子関係の科学的証明方法として挙げられている DNA 鑑定は、親子関係以外に、他の方法では明らかにできないものも含めて様々な個人情報(34)を明らかにすることができる点で、プライバシー侵害の危険性が特に高い。従って、国籍取得に際してその鑑定結果を利用することには慎重でなければならない。DNA 鑑定によって防ごうとしている弊害を他の方法で代替できないかどうか検討を重ねる必要があるし、もしできないとしても、鑑定の方法や鑑定結果の表示方法などについては、プライバシー侵害の危険性を最小限度にするような工夫が当然求められよう。悪用に対する実効的な制裁も当然考えるべきである。

　第3に、もし DNA 鑑定を日本法上の父子関係を証明する手段として考えると、国籍取得の前提としての親子関係の成否につき外国法が準拠法となり、しかもその外国法上、DNA 鑑定の結果がどうであれ父子関係を否定できない場合には、DNA 鑑定による弊害除去の実効性に疑問が生じる。よって、DNA 鑑定を導入するのであれば、親子関係の成否の準拠法如何に関係なく適用されるものとして位置づける必要があろう。(35)

---

(34)　例えば遺伝性疾患の有無など。

(35)　森田博志教授の個人ブログ「国際私法の窓際にて」2008年12月14日「私法上の『認知』と『国籍取得届』」では、かかる問題点を指摘した上で、「DNA 鑑定を要件とするのであれば、（中略）〈国籍法新3条1項における日本国籍の取得という公法的効果の発生を目的とする国籍取得届という公法行為〉のところに入れる必要があります。」と述べられている。DNA 鑑定を導入するのであれば、この考え方によるのが妥当であろう。なお、上記ブログの URL は次の通り。http://conflict-of-laws.cocolog-nify.com/blog/2008/12/post-8d.8ehtml

72　第1部　論　説

3　国籍取得の遡及効

　一審判決でも最高裁判決でも、生後認知による国籍取得に遡及効を認めるべきか否かは重要な論点であった。両判決とも結果的には遡及効を否定し、筆者も解釈論としてはそれに賛同したが、それはあくまで合憲的解釈の（立法府の領分に踏み込まないという）範囲内でのことであり、立法論として考える場合は別である。

　ここで認知に遡及効を認めることに問題があるとすれば、それは国籍取得に伴う法律上の効果が後から覆されることに伴う弊害を意味するのであろう。しかし、具体的にいかなる弊害が生じ得るのか、またそれが遡及効の否定によってしか除去され得ないものであるのか、従来の議論は必ずしも明らかにしていない。例えば、我が国に在住している子が日本人父から認知されたことにより遡及的に日本国籍を付与された結果、母の本国の国籍（外国籍）を喪失する場合、国籍喪失という部分のみに着眼すると確かに子にとって不利益であるようにも思われなくはないが、それがその子の置かれた状況との関係でその子にいかなる具体的な不利益をもたらすのかを問題とすべきである。認知の遡及効を否定する論者は、「浮動性の防止」というお題目を唱えるだけでなく、より具体的で説得力のある議論を展開する必要がある。

　では、仮にそのような弊害として具体的に考慮すべきものがあった場合にはどうか。その場合でも、弊害が生じるのは、主としてその子が成年に達して独立の法的利害関係の主体となった後ではないだろうか。あるいは、従来の判例の事案を念頭に置いて考える限り、少なくとも就学前の段階では立法上の対応を必要とするほどの弊害は存在しないと言ってよいように思われる。それらの年齢を超えた後に日本人から認知された場合にのみ、遡及効の弊害を考慮すれば十分であろう。逆に、同様の前提の上に立って考えるとすれば、日本人父母との親子関係不存在確認による日本国籍の遡及的喪失についても、少なくとも立法論としては弊害を考慮する必要があるはずである。

（36）　奥田・前掲注22・91頁。

（37）　山本敬三「国籍法における非嫡出子差別」修道法学29巻1号98〜99頁には具体的な事例が複数挙げられているが、それらを見ても、日本国籍を遡及的に与えなければ問題とならないようには思われない。

（38）　奥田・前掲注22・226頁。

第4章　生後認知による日本国籍の取得について　　73

遡及効による弊害の存在を前提としてその対策を考える場合、遡及効を制限するか、または遡及効を認めた上で第3者保護規定でカバーするかの2つの方向性が考えられるが、憲法14条1項の定める法の下の平等の原則を国籍法にも広く及ぼすという観点からすると、遡及効に伴う弊害が遡及効の制限を正当化するほどの大きなものであることが明らかにならない限り、生後認知の場合でも胎児認知と等しく出生時から国籍を取得するという立場を堅持すべきであり、もしそれに伴って何らかの弊害が生じるのであれば、それは民法上の権利濫用（1条3項）等の法理により個別に解決すべきである。

4　法務大臣への届出

　3条の届出要件は、1950年の国籍法改正の趣旨との関係で、準正という家族法上の法律行為に対して当然に（本人や父母の意思に関係なく）日本国籍取得の効果を与えるのは適切でないと考えられたこと、また、特に外国法上の準正が成立した場合にその子が日本国籍を取得するか否かが不明確になる恐れがあること、という2つの考慮から設けられた。[39]しかし筆者としては、これらの考慮はもはや不要であると考える。何故なら、第1の考慮については、2条との関係で、生後認知による国籍取得はあくまで血統主義に基づく国籍取得の一態様として位置づけるべきであるから、そこで当事者の意思を問題にするのは、婚内子、事実主義に基づく婚外子、胎児認知による婚外子の場合と比べて一貫性がないことになるからである。また、第2の考慮については、外国法上の生後認知に伴う国籍取得の有無が不明確になるのはそのような場合に限られるわけではないのであって、婚内子、事実主義に基づく婚外子、胎児認知による婚外子の場合と立法上別途に扱う必然性は認められないからである。

　他方、上記（1）（2）で検討した要件を国籍取得手続に乗せるための受け皿として、この要件には別の存在意義が認められる。その意味では、この要件は内容を一新した上で存続させるべきであろう。

---

(39)　木棚照一『逐条註解国籍法』（日本加除出版・2003）228頁。

5 国籍法改正の提案

以上の検討を踏まえて、国籍法改正に向けての仮の私案（骨子）を提示してみたい。

1、準正による国籍取得の規定を全面的に削除し、婚内子や胎児認知の場合の規定と一本化して出生時から国籍を取得するものとする。

2、国籍取得の先決問題としての親子関係の成否（法の適用に関する通則法に従って決定された準拠法により判断される）とは別に、国籍取得のための公法上の要件として、子が出生以来その日本人父の扶養を受けていること、若しくは出生以来適法に日本に居住していることの証明を求める。それらの要件については、その事実を証明する書類等の提出によるものとするが、書類上に疑義がある場合には、当事者への聞き取りや実地調査を行う権限を法務大臣に与えるものとする。また、聞き取り等によってもそれらの事実が証明されなかった場合に限り、親子関係の科学的な鑑定結果の提出を求める権限を法務大臣に与えるものとする。

3、上記「2」の具備を手続上明らかにするための手段として、法務大臣への届出を国籍取得の要件とする（上記証明書類等を国籍取得届に添付して提出するものとする）。そして、第三者との利益衡量の観点から、この届出は子が未成年のうちに行うべきものとする。

本案は、いくつかの点でいまだ検討の余地を残すものではあるが、最高裁判決の受け売りに終らず、補足意見などで表明された問題意識をも取り込んだ形で、少しでも先に進もうとする筆者なりの努力の表現であるとご理解いただきたい。そして、国籍立法の在り方をめぐる議論が、学会レベルでも政党・政府・国会レベルでも、より積極的かつ丁寧に行われるようになることを祈らずにはおられない。

第6節　おわりに

本稿では、2008年の最高裁判決とその一審判決を主な題材として、生後認知による国籍取得を中心に、血統主義による国籍付与の在り方について若干の検討を行った。今回の最高裁判決も、それを受けて成立した国籍法改正

も、生後認知子の国籍に関する議論の終着地ではなく、むしろまだその出発点に立ったに過ぎないと言うべきであろう[40]。筆者としても、本稿の執筆を通じて、国籍立法の在り方に関する考察をさらに深めていく必要性を痛感しているところである。

---

(40) 竹下・前掲注1・7頁。

第5章 ある戸籍先例における
反致の扱いについて

第1節 はじめに

　本稿では、戸籍誌に掲載された2件の法務省民事局民事一課長回答を扱う。それらの回答は、いずれも日本の国際私法によって外国法が準拠法として指定された際に、その外国法から日本法への反致が成立するか否かが問われたケースに関するものである。それらの回答の内容について、反致に関する法の適用に関する通則法（以下、引用部分を除いて「通則法」とする）第42条の適用という点で若干の疑問を感じたため、今回ここに紹介することとした。[1]

第2節 戸籍923号 訓令・通達・回答5401

1 事案及び回答

　本件は、ツバル人男性と日本人女性との創設的婚姻届が大阪府福島区長宛てに提出されたが、ツバル国の婚姻に関する法制が明らかでなく、受否を決しかねるとして、大阪法務局民事行政部長から法務省宛てに紹介されたもの（2014年11月13日付け戸第520号大阪法務局民事行政部長照会、2015年6月9日付け法務省民一第751号民事局民事第一課長回答）である。

　本件についての民事第一課長からの回答は、「平成26年（筆者注・2014年）11月13日付け戸第520号をもって照会のありました件につきましては、受理して差し支えないと考えます。」というものであった。

（1）　これらについては、2017年2月8日13時44分に、戸籍誌を出版している株式会社テイハンの編集部宛に、回答の趣旨についての説明を求めるメールを送信したが、返信をいただいたことを確認することができなかった。よって、筆者の一方的な見解を述べることになることを予めお詫びしておきたい。

第5章　ある戸籍先例における反致の扱いについて　　*77*

2　回答の根拠

本件について、同誌923号の【解説】では、婚姻の成立の準拠法につき、まず以下のように述べられている。

「渉外的婚姻の実質的成立要件については、法の適用に関する通則法…第24条第1項により、各当事者の本国法とされているため、原則として、ツバル人男にはツバル国の法令が、日本人女には日本法（民法）が適用される。」

しかしそれに続いて、反致との関係について以下のように述べられている。

「ただし、ツバル国の国際私法において、婚姻の実質的成立要件につき挙行地法によるべきこととされている場合、本件では、ツバル人男が日本において婚姻をしようとしているため、通則法第41条の反致の規定により、日本法が適用される。」

そして、本件における反致の成否及び準拠法について以下のように述べられている。

「そこで、ツバル国の国際私法について、外務省を通じて同国に確認したところ、同国では婚姻手続に関する反致の規定はないとのことであった。

したがって、原則どおり、婚姻の実質的成立要件については、ツバル人男についてはツバル国の法令が、日本人女については民法が適用される。」

3　回答に関する疑問

では、本件に関する準拠法指定の過程と、それに関連する疑問について述べることとしよう。通則法24条1項によれば、ツバル人男に関する婚姻の実質的成立要件は、その本国法であるツバル法によることになる。その点については疑問の余地がない。また、不統一法に関する点（通則法38条3項、同40条）については、詳細は不明だが、とりあえず本件では注意する必要がないものとして先に進むこととする。

次に、ツバル国法から日本法への反致が成立するか否かを確定させるためには、婚姻の実質的成立要件に関するツバル国の国際私法の内容（本国法主義なのか、常居所地法主義なのか、何れでもないか、など）を明らかにしなければならない。しかし、回答ではその点を明らかにしようとしておらず（せっかく

78 第1部 論 説

「ツバル国の国際私法において、婚姻の実質的成立要件につき挙行地法によるべきこととされている」かどうか、という問いを発しておきながら、結局最後までこれに正面から答えていない)、これではツバル国の国際私法上、本件の準拠法が確定できないこととなってしまう。

その反面、回答では、外務省経由で確認した内容として、「同国（ツバル）では婚姻手続に関する反致の規定はないとのことであった。」としており、その直後に「したがって」「原則どおり」「婚姻の実質的婚姻成立要件については、ツバル人男についてはツバル国の法令が（略）適用される。」としている。

しかし、法の適用に関する通則法上はツバル法が準拠法となっており、かつ、反致の成否との関係でツバル国の国際私法を検討した後に、結局「準拠法はツバル法である」という結論を出すためには、婚姻の実質的成立要件に関するツバル国の国際私法が何らかの連結点に基づきツバル法自体を指定しているか、あるいはツバル法でも日本法でもない第三国法を指定していることによって、ツバル法から日本法への反致が否定された、と考えるのが適切であるように思われる。

ということは、外務省経由で確認したという「同国（ツバル）では婚姻手続に関する反致の規定はないとのことであった。」は、それ自身の表現としては「ツバル法以外の法からツバル法への反致をもたらす規定はない」と解される点でミスリーディングであり、もし本件の準拠法が最終的にツバル法であるというのであれば、正しくは、「同国（ツバル）では婚姻手続に関して、法の適用に関する通則法第41条と相まってツバル法から日本法への反致をもたらすような国際私法規定はない」と述べるべきであったように思われる。

第3節　戸籍927号　訓令・通達・回答5409

1　事案及び回答

本件は、セントビンセント人男と日本人女との創設的婚姻届が高松市長宛て提出されたところ、セントビンセント国の婚姻に関する法制が明らかでな

第5章　ある戸籍先例における反致の扱いについて　*79*

く、受否を決しかねるとして、高松法務局長から法務省宛て照会されたもの（2015年4月7日付け戸第26号高松法務局民事行政部長照会、2016年3月15日付け法務省民一第274号法務省民事局民事第一課長回答）である。

　本件についての民事第一課長からの回答は、「平成27年（筆者注・2015年）4月7日付け戸第26号をもって照会のありました標記の件につきましては、受理して差し支えないものと考えます。」というものであった。

2　回答の根拠

　本件について、同誌927号の【解説】では、婚姻の成立の準拠法につき、まず以下のように述べられている。

　「渉外的婚姻の実質的成立要件については、法の適用に関する通則法…第24条第1項の規定により、各当事者の本国法によることとなるため、セントビンセント人男についてはセントビンセント国の法律が、日本人女については日本の民法が適用される。」

　しかしそれに続いて、反致との関係について以下のように述べられている。

　「なお、本件婚姻届の事件本人は、日本において婚姻をしようとしているところ、セントビンセント国の国際私法において、婚姻の実質的成立要件につき挙行地法によるべきこととされている場合には、通則法第41条の反致の規定により、挙行地である日本の民法が適用され、日本の民法上の実質的成立要件を満たす必要がある。」

　そして、本件における反致の成否及び準拠法について以下のように述べられている。

　「セントビンセント国の婚姻関係法制について、外務省から、同国人と外国人との婚姻についての反致の規定はないとの回答を得ていることから、セントビンセント人男が同国における実質的成立要件を満たしているかどうかを審査する必要がある。」

3　回答に関する疑問

　本件との関係でも、上記2．の事例と同様、通則法24条1項によれば、セ

80　第1部　論　説

ントビンセント人男に関する婚姻の実質的成立要件は、その本国法であるセントビンセント法によることになる点に疑問の余地はない。また、不統一法に関する点（通則法38条3項、同40条）については、ここでも詳細は不明だが、とりあえず本件では注意する必要がないものとして先に進むこととする。

　次に、セントビンセント法から日本法への反致が成立するか否かを確定させるためには、婚姻の実質的成立要件に関するセントビンセント国の国際私法の内容を明らかにしなければならない。しかし、回答ではその点を明らかにしようとしておらず（せっかく「セントビンセント国の国際私法において、婚姻の実質的成立要件につき挙行地法によるべきこととされている」かどうか、という問いを発しておきながら、結局最後までこれに正面から答えていない）、これではセントビンセント国の国際私法上、本件の準拠法が確定できないこととなってしまう。

　その反面、回答では、外務省経由で確認した内容として、「同国（セントビンセント）人と外国人との婚姻についての反致に関する規定はないとの回答を得ている」としており、その直後に「セントビンセント人男が同国における実質的婚姻成立要件を満たしているかどうかを審査する必要がある。」としている。

　しかし、法の適用に関する通則法上はセントビンセント法が準拠法となっており、かつ、反致の成否との関係でセントビンセント国の国際私法を検討した後に、結局「準拠法はセントビンセント法である」という結論を出すためには、婚姻の実質的成立要件に関するセントビンセント国の国際私法が何らかの連結点に基づきセントビンセント法自体を指定しているか、あるいはセントビンセント法でも日本法でもない第三国法を指定していることによって、セントビンセント法から日本法への反致が否定された、と考えるのが適切であるように思われる。

　ということは、外務省経由で確認したという「同国（セントビンセント）人と外国人との婚姻についての反致に関する規定はない」というのは、それ自身の表現としては「セントビンセント法以外の法からセントビンセント法への反致をもたらす規定はない」と解される点でミスリーディングであり、もし本件の準拠法が最終的にセントビンセント法であるというのであれば、正しくは、「同国（セントビンセント）では婚姻手続に関して、法の適用に関する

通則法第41条と相まってセントビンセント法から日本法への反致をもたらすような国際私法規定はない」と述べるべきであったように思われる。

第4節　おわりに

これら2件の回答に共通するのは、ある外国法から日本法への反致が成立するか否かを検討する際に、そのような意味での反致の成否を、その外国国際私法上の「反致に関する規定の有無」という形で表現していることである。しかし、後者の表現は、あくまでその外国国際私法上の反致規定、すなわち、その国からみた外国の法からその国の法への反致を導く規定を意味するのであって、前者と後者とではベクトルの方向が逆なのである。

反致規定について述べる際には、このような点にくれぐれも注意すべきであろう。

第 2 部

判例研究

85

第1章　渉外戸籍・国籍法編

1. 補充的生地主義に基づく日本国籍取得の可否（地裁判決）

東京地裁1993年2月26日判決
判例タイムズ809号238頁

〔事　実〕

　原告Xの母Aは、1991年1月、長野県小諸市の病院に入院してXを出産したが、以後の消息は不明である。Xの出生届には、母セシリア・ロゼテ、母の生年月日1965年11月21日（満25歳）と記載され、本籍欄は無記載であった。届書に添付された「孤児養子縁組並びに移民譲渡証明書」には、「Ma CEcilia ROSETE」が「Andrew Robert Rees」の残留する唯一の親で、この子供の養育が不可能なので、Xの法定代理人夫婦（BC両名）と養子縁組を結び、かつ日本から米国への移民にも同意した旨が日本語と英語で記載されており、その署名捺印欄には、本人の署名ではない（Aの友人が代署したようである）ものの、「Ma CEcilia ROSETE」の署名がある。

　関係者の証言によれば、Aは氏名と生年月日を申告したものの、その他の身分及び居住関係は不明であり、会話は片言の英語とジェスチャーのみで行っていたようである。他方、外国人出入国記録（EDカード）によれば、国籍フィリピンの「ROSETE, CECILIA, M」（性別女、生年月日1960年11月21日）が1988年2月に入国しており、またEDカードには「Cecillia M Rosete」と署名されているが、この者は未だ出国していない。なお、フィリピン共和国において、1987年10月に「CECILIA MERCADO ROSETE」生月日11月21日に対して旅券が発行されているが、その処理済申請書は理由不明でファイルされていない、との事実が判明している。

86 第2部 判例研究

　Ｘの出生届は、同病院の医師から国籍無記載のまま提出されたが、結局、母子の国籍をフィリピン共和国として受理された。これに基づきＸは国籍フィリピンとして外国人登録されたが、その後無国籍として登録し直され、無国籍のままＢＣの養子となっている。

　他方、Ｘの父は全く知れていない。

　そこでＸは、Ｘが国籍法2条3号の「日本で生まれた場合において、父母がともに知れないとき」に該当するから、出生時に日本国籍を取得したとして、Ｘの日本国籍の確認を求めた。

　これに対して被告Ｙ（国）は、Ｘの母は知れており（セシリア・ロゼテ）、かつ（フィリピン共和国の）国籍を有しているので、同条同号を適用すべき場合に当たらない、として争った。

〔判　旨〕

　Ｘの請求を認容（控訴）。

　1　判旨は、本件の争点を次の3点に整理した上で、その各々につき判断している。

　「1　国籍法2条3号の『父母がともに知れないとき』とは、日本国籍が認められなければ子が無国籍となるおそれのある場合を含むものと解すべきか。

　2　国籍法2条3号は、その該当性を主張する者が、父母が共に知れないことを立証すべきか、或いは、その非該当性を主張する者が、父又は母が知れていることを立証すべきか。

　3　Ｘは、国籍法2条3号に定める要件に該当するか。」

　2　**争点1について**

　「国籍法2条3号は、子が無国籍となるおそれそれ自体を要件としているわけではないから、……「父母がともに知れないとき」という要件を、日本国籍が認められなければ子が無国籍となるおそれのある場合一般を含むものと解すべき根拠はない。しかし、同条同号……は、父母のいずれかが特定され、かつ外国籍を有しているときは、一般的に子がその父または母の有する国籍を取得できる可能性が大きいことを根拠とするものであるから、右要件

第 1 章　渉外戸籍・国籍法編　　*87*

の判断に当たっては……子に国籍が付与されることが可能な程度に父母のいずれかが特定されているかどうかという観点から検討することを必要とする」。

3　争点2について

「1　自己が日本国籍を有することの確認を求める訴訟においては、自己に日本国籍があると主張する者が、国籍取得の……要件に自己が該当する事実を立証しなければならない……。しかしながら、人の身分が分からないことを証明することは困難であるから、右要件の立証については、その者の出生当時の状況などにより、そのような事情の下においては、通常は父母をともに知ることができないであろうと考えられる程度に事実を立証すれば足り、そのような事実が立証されたときは、その相手方において、父又は母のいずれかの身元が判明していることを立証しない限り、右要件該当の事実につき証明があったものとして取り扱うのが相当である。

　2　なお、反証……については、……父母のいずれかについて、子にその親の国籍取得を可能にしうる程度にこれを特定して示す必要があるものというべきである。」

4　争点3について

「1　前記の前提となる事実によれば、Xの母は、その氏名、年齢を申告したものの、その余の身分関係は明らかにしなかったし、その身分を証するようなものも何ら所持せず、会話は、片言の英語とジェスチャーのみで行い、退院後の住所を明らかにせず、X出産後その出生届もしないまま退院して、以後行方不明であるというのであって、このような事情の下においては、父はもとより母を知ることもできないのが通常の事態と考えられるというべきである。」

（その後判旨は、出入国管理及び難民認定法上の手続を考慮すると、入国者と旅券所持者と旅券発行を受けた者との同一性は一般的には確認される、としながら、本件ではフィリピンの記録上、旅券発行を受けた者の生年の記載がなく、通常はファイルされている申請書等の記録もないこと、また、EDカード上の署名の綴りが本国の記録上のそれと同一でないことを考慮して、次のように判示した。）

「2　……以上の事実に、近年、他人の名義の旅券や、全く偽造の旅券で

我が国に入国する事例が跡を絶たないこと……を考え併せれば、『ROSETE, CECILIA, M』を名乗って、我が国に入国した者は、何らかの手段により、フィリピン共和国において、自らの身分ではない、『ROSETE, CECILIA, M』の名義による旅券を取得し、これを提示して不正に我が国に入国したものではないかとの疑いを払拭できないというべきである。」

（次に判旨は、仮に旅券発行を受けた者と入国者が同一人物であると仮定したうえで、生年の申告内容やミドルネームの署名方法が場合によって異なることや、日本への滞在が長い筈なのに片言の英語とジェスチャーでのみ意思を通じていたことを考慮して、次のように判示した。）

「3　……このことに、近年、観光ビザで我が国に入国し、滞在期間が過ぎても出国しないで就労している外国人女性が多数存在していること（これも公知の事実といえよう。）を考え併せれば、氏名不詳の外国人女性が、何らかの機会に、「ROSETE, CECILIA, M」と知り合い、その名前と生年月日を知ったことから、出産の際に同女の身上を詐称したのではないかとの推測をいれる余地は充分にある……。」

「4　そうすると、Xの出生当時の状況によれば、Xの父母は、これを通常知ることができないと認められるところ、Xについて、父又は母のいずれかが知れていることを認めることはできないから、結局父母が共に知れないと認める外はない。」

〔研　究〕

1　本件は国籍法2条3号の解釈が問われた事件であるが、Xの出生当時の状況がかなりの程度判明しており、また父母の物理的存在も確認されている(1)点で、これまでにない微妙な事例であると言える。また、タイやフィリピンなどからの出稼ぎ女性の増加に伴って、本件のような事件は今後増加することが十分に予想される点で、本件の先例としての影響力は決して小さく

（1）　この点で、①東京家裁1967年8月30日審判、家裁月報20巻3号101頁や②大分家裁豊後高田支部1975年1月31日審判、家裁月報28巻1号84頁の事案と異なる。

（2）　この点で、③東京家裁1966年9月9日審判、家裁月報19巻3号73頁や④大阪家裁1979年1月27日審判、家裁月報32巻2号89頁の事案と異なる。

ないものと思われる。

　2　筆者は、判旨が X の日本国籍を認めた結論には賛成である。また、判旨紹介部分では省略したが、国籍法の解釈に際して国際人権規約 B 規約24条3項の趣旨を尊重している点は、良い意味で注目に値するものと考える。ただ、その結論に至る論理には、（1）前提となるべき問題点への配慮が欠けていたのではないか、また、（2）国籍法2条3号の解釈が若干不明確だったのではないか、という疑問を感じる。そこで以下では、右の各点につき順次論ずることとする。[3]

3　前提問題への配慮

　判旨は X の主張を受けて、国籍法2条3号の解釈のみを論点として検討を行っている。しかし、本件は明らかに渉外事件であり、同号適用の前提として XA 間の法的親子関係の存否及びその前提となる親子関係の準拠法の[4]点を検討する必要があったはずである。そして準拠法については、国籍法上別段の規定（5条2号参照）がない限り、法例その他の抵触規定を適用すべきである。[5]判旨がこれらの点を十分に踏まえず、国籍法の解釈に終始したことには、法令の解釈態度として問題があるように思われる。

　そこで、準拠法の点について私見に基づく解釈手順を示すと、以下の通りである。まず、A が婚姻しているか否かわからない以上、XA 間で問題となる親子関係が婚内親子関係か婚外親子関係かは不明である。この場合、適用すべき抵触規定は欠けているものと見るべきであり、法例17条及び18条1項の規定を類推して、条理により母 A の本国法によるものと解すべきである。そこで A の国籍が問題となるが、本件では A はフィリピン人らしいとされるものの、本国（と主張される国）での A の身元確認は失敗しており、その場合に A の国籍が判明したと判断するのは疑問であって、この場合 A は国籍不明と解すべきである。また A の身元が不明である以上、A の入国の経緯や日本での滞在状況、ひいては A が日本に常居所を有するか否かも不明と

（3）　なお、紙幅の関係上、判旨の事実認定の適否に関する検討は省略する。

（4）　これが確定していなければ同条同号の「父母がともに知れない」に当たることは異論がない。江川英文他『国籍法［新版］』（有斐閣・1989）72頁。判例として、⑤東京高裁1983年6月29日判決、判時1085号54頁。

（5）　佐野寛・本件解説・ジュリスト1030号（1993）128頁。

90 第2部 判例研究

言わざるを得ない。従って、法例28条2項及び30条により、AのX出生当時の居所地法たる日本法が適用され、AがXを分娩したことが証明されればXA間の法的親子関係は認められるものと解される。

4 国籍法2条3号の解釈

判旨は「父母がともに知れない」か否かを、子への国籍付与が可能な程度に父母の一方が特定されているか否かの観点から検討すべきものとする。しかし、そこでの「特定」の意義は必ずしも明らかでない。もし父母が物理的に特定されていればよいとすると、棄児の場合でない限り「特定」は否定され得ないことになるが、それでは無国籍児発生防止という同号の立法趣旨に明らかに反する。従って「特定」にはそれ以上の意味を含ませるべきこととなるが、右の趣旨に鑑みれば、本国上の公的記録上で父母の身元が確認できた場合に「特定」を認めると解するのが適切ではなかろうか。とすると本件では、Aの本国と主張されるフィリピンでAの旅券申請書がファイルされておらず、その身元が確認できないのであるから、たとえAが物理的には特定されていても、国籍法との関係ではAは「特定」されていないものと考えるべきである。本件の先例的影響力を考えると、例えば以上のように、判旨も同条同号の解釈について、より具体的な判断基準を示してもよかったのではなかろうか。

他方、この点との関係で立証責任の問題も忘れてはならない。多くの学説及び判例に従って民事訴訟法上の証明責任分配の原則が妥当するとの見解を採った場合、Yに課される反証の程度につき確定的な基準が成立しているとは言い切れないことを考えると、ケース・バイ・ケースで結論が大きく左右される危険性があり、国籍法の趣旨との関係で疑問を生ずることもあり得る。その点を考えると、むしろ証明責任の原則自体を改め、同条同号については、父母の一方が知れていることにつきYが証明責任を負う、と解する方が一貫するように思われる。ただ、特に不法入国者の場合、Yにとって

（6） この場合、1989年10月2日付第3900号民事局長通達は無関係であろう。
（7） 前掲注4・判例⑤参照。
（8） ちなみに、かかる判断は、この点で事案の性質が本件に最も近い前掲注2・判例④の立場とも整合的であるように思われる。
（9） 園部逸夫編『注解行政事件訴訟法』（有斐閣・1989）107頁参照。

第1章　渉外戸籍・国籍法編　　*91*

も身元の証明は非常に困難であり、個人の場合と大差ないこともある、との反論は当然にありうるであろう。しかし、立法による別段の措置をとればともかく、現行法の解釈の範囲内でその立法趣旨を最も尊重するとの立場に立つ限り、国側がその分だけ重い負担を負うことになっても仕方無いのではあるまいか。

　なお判旨は、同条同号の「父母がともに知れない」に該当するか否かの1点に絞って検討を加えている。しかし本件のように、母が物理的には特定されているが、Aの本国（と主張される国）での身元確認ができない、という場合には、Aの国籍不明を理由に、同条同号の「母が……国籍を有しないとき」に準ずるものとしてXの日本国籍を認める余地もあったのではないか、という気もしなくはない。

5　控訴以後

　本件ではその後Yが控訴したが、東京高裁は今年の1月26日、控訴を認容して1審判決を取り消し、Xの請求を棄却する判決を下した。[10]これは、Yに求められる反証の程度を1審判決と比べて軽減し、また、フィリピン法の解釈に関する控訴審でのXの主張を退けたためである。その内容には疑問のある点が少なからず残されているが、1審判決のみを対象とする本評釈の性質上、割愛せざるを得ない。機会を改めてまた検討したい。

（10）　Xは既に上告している。

92　第2部　判例研究

2. 補充的生地主義に基づく日本国籍取得の可否（最高裁判決）

最高裁第2小法廷1995年1月27日判決
民集49巻1号56頁、判例時報1520号32頁、判例タイムズ872号78頁

〔事　実〕

　原告Xの母Aは、1991年1月、長野県内の病院でXを出産したが、以後の消息は不明である。Xの出生届には、母セシリア・ロゼテ、母の生年月日1965年11月21日との記載があった（母の本籍欄は無記載）。届書に添付された「孤児養子縁組並びに移民譲渡証明書」には、セシリア・ロゼテがXの残留する唯一の親で、この子供の養育が不可能なため、BC夫婦（Xの法定代理人）と養子縁組を結び、米国への移民にも同意した旨が和文・英文双方で記載されており、その署名捺印欄には、本人の署名ではないものの、「Ma CEcilia ROSETE」の署名がある。

　関係者の証言では、Aは氏名と生年月日を申告したが、その他の身分や居住関係は不明であり、会話は片言の英語とジェスチャーのみで行っていた。他方、外国人出入国記録（EDカード）によれば、国籍フィリピンの「ROSETE, CECILIA, M」（性別女、生年月日1960年11月21日）が1988年2月に入国しており、未だ出国していない。なお、フィリピン共和国において、1987年10月に「CECILIA MERCADO ROSETE」生月日11月21日に対して旅券が発行されているが、その処理済申請書は理由不明でファイルされていない。

　Xの出生届は、同病院の医師から国籍無記載のまま提出されたが、結局、母子の国籍をフィリピン共和国として受理された。これに基づきXは国籍フィリピンとして外国人登録されたが、その後無国籍として登録し直され、無国籍のままBCの養子となっている。

　他方、Xの父は全く知れていない。

　そこでXは、Xが国籍法2条3号の「日本で生まれた場合において、父母がともに知れないとき」に該当するから、出生時に日本国籍を取得したと

第1章　渉外戸籍・国籍法編　　*93*

して、Xの日本国籍の確認を求めた。これに対して被告Y（国）は、Xの母は知れており、かつ（外）国籍を有しているので、同条同号を適用すべき場合に当たらない、として争った。

　1審判決[1]はXの請求を認容したが、その理由としておよそ次のように述べた。即ち、国籍法2条3号は子が無国籍となる危険自体を要件としてはいないものの、父母の一方が特定され、かつ外国籍を有していれば、子がその国籍を取得する可能性が大きいことを根拠とするから、同号の要件の判断に当たっては、国籍付与が可能な程度に父母が特定されているか否かを検討すべきである。そして、自己の日本国籍を主張する者が、その者の出生当時の状況により、通常は父母が知れないであろうと考えられる程度に事実を立証したときは、父母の身元が判明していることを相手方が立証しない限り、父母が知れないものとして取り扱うのが相当である。そこで本件の事情を総合的に考慮すると、Xの出生当時の状況によれば、Xの父母は通常知れないものと認められ、かつ、Xの父母が知れていることの証明もないから、結局父母が知れないものと認める外はない。

　Yの控訴を受けた2審判決[2]は1審判決を覆し、Xの請求を棄却したが、その理由としておよそ次のように述べた。即ち、自己の日本国籍を主張するものが、父母がともに知れないことを窺わせる事情を立証しても、相手方において、一応父母と認められる者が存在することを窺わせる事実を立証したときは、父母が知れないことの証明がないことになるというべきである。当事者が主張立証した諸事情を総合勘案すると、外国人出入国記録およびフィリピン共和国の旅券発行記録に記載されたセシリア・ロゼテとAは同一人である蓋然性が高く、Xの母が知れないことについて証明されたとはいい難いので、結局、法2条3号の母が知れないときには該当しないというべきである。

〔判　旨〕
原判決破棄・控訴棄却。

（1）　東京地裁1993年2月26日判決。判例時報1449号76頁、判例タイムズ809号238頁。
（2）　東京高裁1994年1月26日判決。判例時報1485号3頁、判例タイムズ840号64頁。

94　第2部　判例研究

　1　国籍法（以下「法」）2条は原則として血統主義を採用するが、「日本で生まれた子の父母がともに知れないとき……も、その子を日本国民とする……（同条3号）。これは、……できる限り無国籍者の発生を防止するため……である。そうすると、法2条3号にいう『父母がともに知れないとき』とは、父及び母のいずれもが特定されないときをいい、ある者が父又は母である可能性が高くても、これを特定するには至らないときも、右の要件に当たるものと解すべきである。なぜなら、……その者が特定されて初めて、その者の国籍に基づいて子の国籍を決定することができるからである。」

　2　「法2条3号の……要件に当たる事実……の立証責任は、国籍の取得を主張する者が負うと解するのが相当であるが、出生時の状況等その者の父母に関する諸般の事情により、社会通念上、父及び母……を特定することができないと判断される状況にあることを立証すれば、『父母がともに知れない』……と一応認定できるものと解すべきである。そして、……国籍の取得を争う者が、反証によって……その者がその子の父又は母であると特定するに至らない場合には、なお右認定を覆すことはできないものというべきである。」

　3　「原審の適法に認定した……事実関係によれば、……Xの母親は、氏名や誕生日を述べてはいたが、それが真実であるかどうかを確認することができるような手掛かりはなく、Xを出産した数日後に行方不明となったというのであるから、社会通念上、Xの母……を特定することができないような状況にあるものということができる。これに対して、Yは、Xの母とAとが同一人である可能性がある事情を立証している。しかし、」生年の相違、氏名の綴りの相違、意思伝達の方法など「Xの母とAとの同一性について疑いを抱かせるような事情が存在することも、原審の適法に確定するところである。」

　「そうすると、Yの立証によっては、Xの母が知れないという認定を覆すには足りず、日本で生まれ、その父については何の手掛かりもないXは、法2条3号に基づき、父母がともに知れない者として日本国籍を取得したものというべきである。」

第1章　渉外戸籍・国籍法編　　*95*

〔研　究〕

1　本判決は、いわゆる「アンデレちゃん事件」の上告審判決である。本件は、法解釈上も、また社会的にも注目すべき事件であるが、その重要性ないし意義については、本件に関するこれまでの判例解説・評釈などにおいて既に述べられている通りなので、あえて繰り返さないこととする。[(3)]

　本件においては、1審判決から本判決までを通じ、国籍法の解釈をめぐって、国籍法2条3号の解釈、及び同号の要件の立証責任の2点が争点とされてきた。そこで以下の解釈でも、この2点について検討することとしたい。ただ、本件では父の存在は事実上も知れないことが明らかなので、国籍法の解釈については、主として母を問題とする。

2　国籍法2条3号の解釈

　第1の論点は、国籍法2条3号の解釈である。これは第2の論点である証明責任とも深い関係を有するが、その点は第2の論点の箇所であわせて検討することとして、ここでは証明責任を除いた同号の実体的要件について若干の検討をしてみたい。

　従来最も一般的であったと思われる解釈によれば、国籍法2条3号前段の「父母がともに知れないとき」とは、事実上または法律上の父母がともに知れないときを指し、同号後段の「（父母が）ともに国籍を有しないとき」とは、法律上の父母がいるが、その何れもが無国籍であるときを指す。[(4)]筆者も本件1審判決に対する評釈では、同様の発想から、まず（1）事実上の母を確定し、次に（2）法律上の母子関係の存否を判断するための連結点を確定[(5)]

（3）　第一審判決の評釈・解説としては、①鳥居淳子・私法判例リマークス1994（上）169頁、②山本敬三・判例評論417号（1993）20頁（判例時報1467号182頁）、③佐野寛・ジュリスト1030号（1993）126頁、④大村芳昭・ジュリスト1042号（1994）138頁がある。原審判決の評釈・解説としては、⑤奥田安弘・平成5年度重要判例解説（1994）287頁、⑥佐野寛・法学教室165号（1994）126頁がある。そして、本判決の評釈・解説としては、⑦早田芳郎・平成6年度重要判例解説（1995）269頁、⑧奥田安弘・渉外判例百選〈第3版〉（1995）246頁、⑨松本博之・法学教室179号（1995）48頁、⑩綿引万里子・ジュリスト1066号（1995）225頁、⑪吉原宏・民事月報50巻4号（1995）6頁、⑫山野幸成・民事研修457号（1995）79頁、⑬山田由紀子・法学教室179号（1995）4頁がある。

（4）　ただ、父母の一方が知れず、他方が無国籍の場合にも同号の要件を満たす点にはほぼ異論がないものと思われる。

（5）　大村・前掲注3④。

96　第2部　判例研究

し、（3）それに基づいて法的母子関係の存否を確定した上で、（4）本件が国籍法2条3項の要件をみたすか否かを検討した。そして本件では、AがXを分娩したことが明らかであるから事実上の母子関係は存在すると判断し（（1））、母の本国法（国籍）が不明であったが、法例28条・30条により日本法を適用して法律上の母子関係を認めた（（2）（3））上で、母の身元が本国で確認できない点を重視して母は「知れない」ものと解した（（4））。[6]

　しかし、右の作業では母の国籍の認定が2か所（前述の（2）と（4））出てくるが、もし母の国籍が不明であれば、血統主義によって子に国籍を承継させることができないのは（2）の段階ですでに明白である。むしろその場合には、国籍法2条3号の趣旨が、血統主義が機能できない場合に子の無国籍を防止する点にあることに鑑みて、（3）（4）の手順を踏まず、即ち法律上の母子関係の存否を問わずに、直ちに国籍法2条3号の要件に該当すると考えてもよいように思われる。[7]

　ただ、その場合に若干迷うのは、（事実上の）母の国籍不明の場合に母が「知れない」ものと扱うべきか、それとも母の無国籍に準じて扱うべきか、[8]という点である。もし「知れない」を国籍法上の固有の概念と割り切るなら、母の国籍不明の場合には一律に母が「知れない」ものと扱うことができよう。その場合、国籍法2条3号の解釈上、母の国籍不明の場合と母の無国籍の場合とを（国籍不明なら前段、無国籍なら後段を適用する形で）区別することになる。しかし、血統主義が子の無国籍防止のために機能しない点では、母の国籍不明の場合も母が無国籍の場合も同様であることを考えると、両者を区別する必要性には若干の疑問を感じる。他方、例えば母が事実上も法律上も確定しているが、その国籍だけが判明しないような場合、その母を「知れない」と認定することには、筆者は若干の違和感を感じる。この点は結局「知れない」の意味を上記のように割り切るか否かの点に帰着するようにも思われるが、筆者は現段階ではそこまで割り切れていないのが正直なところ

（6）　ただ、本件のように母の本国での身元確認が不能の場合には、母の「無国籍」に準じてXの日本国籍を認める余地があるのではないか、との疑問を提示した。

（7）　奥田・前掲注3⑤・289頁、早田・前掲注3⑦・270頁。

（8）　早田・前掲注3⑦・270～271頁。

第1章 渉外戸籍・国籍法編 *97*

なのである。

　以上の理由から、筆者はとりあえず現行法の解釈上、母の国籍不明の場合には母の無国籍に準じて扱うのが妥当と考える。ただ、前述のように、事実上の母が国籍不明の場合、法律上の母子関係の存否を確定するのは無意味なので、前述の（3）（4）の手順は踏まず、（1）（2）から直ちに子の（暫定的な）日本国籍を認めるべきものと考える。その場合、2条3号の文言との関係では、同号の「父母が……国籍を有しないとき」における「父母」とは事実上の父母を指し、法律上の親子関係の存否を問わないものと解する、ということになろう。

3　国籍法2条3号前段の要件の立証責任

　本判決（及び1審判決）と原判決との判断との分かれ目となった最大の争点は、父母が知れないことの立証責任の分担の問題である。特に、日本国籍の取得を主張する側（本件ではX）が「その者の出生当時の状況により、通常は父母が知れないであろうと考えられる程度に事実を立証（1審判決）」し、あるいは「父母がともに知れないことを窺わせる事情を立証（原判決）」した場合に、相手方（本件ではY）が負う反証責任の程度について、1審判決は「父母の身元が判明していることを相手方が立証」することが必要とするのに対して、原判決は「一応父母と認められる者が存在することを窺わせる事実を立証」すればよいとした点が問題となる。

　この点につき従来の評釈・解説は、若干の例外を除いてほぼ1審判決（及び本判決）を支持するが、その論調は必ずしも同一ではなく、大まかに分類すると次の4つに分類できるように思われる。即ち、（1）国籍法の趣旨や当事者間の衡平などを根拠として、1審判決ないし本判決の見解を支持するもの、（2）同様の根拠から原判決を批判するもの、（3）同様の根拠から、1審判決ないし本判決の見解をさらにすすめ、国側に父母が知れていることの立証責任を負わせるべきだとするもの、及び（4）それらの議論をさらに

（9）　山田・前掲注3⑬75頁参照。
（10）　この点で、一審評釈における私見をとりあえず変更する。
（11）　吉原・前掲注3⑪、山野・前掲注3⑫。
（12）　山本・前掲注3②・185頁、早田・前掲注3⑦・271頁、山田・前掲注3⑬・5頁。
（13）　奥田・前掲注3⑤・289頁、佐野・前掲注3⑥・127頁。

98　第 2 部　判例研究

深め、別の観点からの見解を示したもの[15]である。

　これらのうち、後掲⑪⑫を除く大半（中には微妙なものもあるが）は、結果的に証明されるべき事実（要証事実）を「母が確定的に知れないこと」であると解した上で、その証明責任の分配を一応の推定ないし間接反証の理論に基づいて XY 間で分配し直し、実質的には Y に証明責任を負わせるのと同様の結論を導こうとしているように思われる[16]。これは、本件において「その者の出生当時の状況により、通常は母が知れないであろうと考えられる」こと（間接事実）の証明があれば、経験則上、「母が知れない」ことが高度の蓋然性を以て推認されることを前提としているようである。

　しかし、このような考え方に対しては、かかる経験則の存在に疑問が提示され、むしろ信義則に根拠を求めるべきであるとの見解が示されている[17]。確かに、本件のような比較的微妙なケースにおいては、証明された間接事実から「母が知れない」ことが高度の蓋然性を以て推認されると言えるか否かは、若干微妙かもしれない。他方、要証事実のとらえ方自体に対して、「母が知れない」とは「母が確定的に知れない」ことではなく、「母が知れているとは言い切れないこと」、つまり母が特定の人であるか否かが不明であるというグレーゾーンをも含んだ概念としてとらえる見解が示されている[18]。この考え方をとれば、Y の反証の負担を特に重くしなくても、実質的にはそうする場合と同様の結果を導くことができそうである。

　筆者は未だにこの点については最終的な結論を出せずにいるが、とりあえず現時点では、まず前提として、日本国籍を主張する私人の側の立証責任を何らかの形で軽減することに賛成したい。無国籍の防止ばかりを強調するのは適切でなく、二重国籍の防止をも考慮すべきではないか、などの批判もあろうが、かかる議論が無国籍防止の理念の後退を正当化するものとは思わない[19]し、また無国籍防止の理念を立証責任の側面に反映させても決して不適切

---

(14)　鳥居・前掲注3①・173頁、大村・前掲注3④・140頁、佐野・前掲注3③・129頁、奥田・前掲注3⑧・247頁。
(15)　松本・前掲注3⑨・50頁、綿引・前掲注3⑩・227頁。
(16)　松本・前掲注3⑨・51頁参照。
(17)　松本・同上。
(18)　綿引・前掲注3⑩・227頁。

第1章　渉外戸籍・国籍法編　　99

ではないと考える。ただ、問題はその手法である。特に本件のような微妙な
ケースにおいて、一応の推定や間接反証の手法で立証責任の実質的転換をは
かることには、前述のように若干の不自然さを感じなくもない。事実、一部
の文献[20]は、BC 夫妻が A と接触している事実を挙げて、かかる手法による実
質的な立証責任の転換を批判的に論評している。また、別の文献もこの点を[21]
考慮して、本判決は信義則に基づいて実質的な立証責任の転換をはかったも
のと解している。ただ、そこで「当事者間の情報不均衡に鑑み」とされてい
ることに対しては、BC と A との接触という事実から、少なくとも本件では
十分な論拠にならないとの批判が（特に一部の文献[22]のような立場からは）あり得
るように思われる。むしろ筆者としては、国籍不明や父母が知れない場合に
は、無国籍防止の理念と、暫定的な日本国籍付与という効果を与えるに過ぎ
ない点を考慮して、前述の「グレーゾーン」に当たる場合にも日本国籍の取
得を認めるのが 2 条 3 号の趣旨であると考えたい。

　ただ、何れにせよ、具体的に当事者は何を立証すればよいのか、という問
題は残るが、筆者としては、X が自ら合理的と考える程度の努力をしたに
もかかわらず母の国籍を特定できなかったことを主張・立証した場合には、
X の努力が不十分であったことを Y の側で反証するか、あるいは母の国籍
そのものを立証しない限り、母は国籍不明として扱うべきではないかと考え
る。

---

(19)　ちなみに簡易帰化制度は、法務大臣の裁量権から自由でない点で代替手段としては不十分と
　　　考える。

(20)　吉原・前掲注3⑪・21頁、山野・前掲注3⑫・84頁。

(21)　松本・前掲注3⑨・51頁。

(22)　吉原・前掲注3⑪、山野・前掲注3⑫。

100 第2部 判例研究

3. アンデレちゃん事件をめぐって

最高裁第2小法廷1995年1月27日判決

民集49巻1号56頁、判例時報1520号32頁、判例タイムズ872号78頁

はじめに―アンデレちゃんとの出会い

あれは東京地裁のどこかの民事法廷前の廊下でのこと。ある国籍法関連の裁判の口頭弁論を傍聴した筆者は、その裁判の原告と初対面を果たした。原告といってもまだ幼い男の子である。一見したところ東南アジア系の風貌ではあるが、話す言葉は（養親の教育の賜であろうが）完璧な英語である。最初に近づいていったのは筆者の方だったか、それとも彼の方だったか記録は定かでないが、ともかく彼は筆者に、「僕を持ち上げて」というようなことを（もちろん英語で）言った…ように記録している。筆者はすなおに彼に協力し、窓から二人で外の道路を行き交う自動車を眺めてしばらくの間会話を楽しんだ。筆者の英語がどのくらい彼に通じたのか心もとないが、どうにか退屈させない程度のお役には立ったようだった。

さて、本稿の題材は、その彼が原告となって争われた裁判である。[1]筆者は、渉外判例研究会での報告のため、原告代理人の方々から情報をいただいたり、いろいろとお世話になった。それに対して、筆者が一研究者としてこの件につきいささかでも役に立てたかどうか甚だ疑問であるが、少なくとも筆者の方は、この裁判を通じていろいろと勉強させていただいた。

筆者はすでに、この裁判の一審判決についての評釈[2]および最高裁判決についての評釈[3]を公表している。そして、本件をめぐって国籍法の解釈上問題とされた点については、それらの評釈において、それなりにオーソドックスな形で論じておいたつもりである。しかし、渉外判例研究会での報告・討論を

（1） 最高裁第2小法廷1995年1月27日判決。民集49巻1号56頁、判例時報1520号32頁、判例タイムズ872号78頁。

（2） ジュリスト1042号（1994）138頁、本章1。

（3） ジュリスト1087号（1996）56頁、本章3。

第 1 章　渉外戸籍・国籍法編　　*101*

通じて考えたさまざまことを上記評釈の中で表現することは、スペースの関係上無理であり、また判例評釈の性格上も適でないと考えるに至った。そこで、本稿ではそれらの評釈とは若干違った角度から、この事件に対する筆者の感想を述べることを主眼としたい。従って本稿では、文献の引用などははとんど行わないことを予め御了承願いたい。

〔事　実〕

まずは本作の事実関係のおさらいから始めよう[4]。

原告（以下「X」とする）の母（以下「A」とする）は、1991年1月、長野県内の病院でXを出産したが、以後の消息は不明のままである。Xの出生届には、母セシリア・ロゼテ、母の生年月日1965年11月21日という記載があったが、母の本籍欄は無記載であった。届書に添付された、「孤児養子縁組並びに移民譲渡証明書」と題する書面には、セシリア・ロゼテがXの残留する唯一の親で、この子供の養育が不可能なため、BC夫婦（Xの法定代理人）とXとの間で養子縁組を結び、さらに米国への移民にも同意した旨、和文・英文の双方で記載されており、その署名捺印欄には、本人の署名ではないものの、「Ma CEcilia ROSETE」の署名があった。

関係者の証言によれば、Aは氏名と生年月日を申告したものの、その他の身分関係や居住関係は不明であり、また、会話は片言の英語とジェスチャーのみで行っていた。外国人出入国記録（いわゆる「ED カード」）によれば、国籍フィリピンの「ROSET, ECECIILA, M」（性別女、生年月日1960年11月21日）が1988年2月に大阪経由で入国しおり、その者はいまだ出国していない。なおフィリピン共和国において、1987年10月に「CECILI MERCADO ROSETE」生月日11月21日に対して旅券が発行されているが、その処理済申請書は理由不明でファイルされていないようである。

Xの出生届は、同病院の医師から国籍無記載のままで提出されたが、結局、母子の国籍をフィリピン共和国として受理された。これに基づいてXは国籍フィリピンとして外国人登録されたが、その後、無国籍として登録し直

（4）　以下の事実関係の部分については、公表済の一審判決評釈及び最高裁判決評釈と内容的に重複する箇所があることを予めお断りしておく。

102　第2部　判例研究

され、無国籍のままでＢＣの養子となって今に至っている。

　なお、Ｘの父は全く知られていない。

　そこでＸは、Ｘが国籍法2条3号の「日本で生まれた場合において、父母がともに知れないとき」に該当するから、出生時に日本国籍を取得したとして、Ｘの日本国籍の確認を求めた。これに対して被告国（以下「Ｙ」とする）は、Ｘの母は知れており、かつ（外）国籍を有しているので、同条同号を適用すべき場合には当たらない、として争った。

〔判　旨〕
1　一審判決（東京地裁）
　一審判決はＸの請求を認容したが、その理由としておよそ次のように述べた。即ち国籍法（以下「法」とする）2条3号[5]は子が無国籍となる危険自体を要件としはいないものの、父母の一方が特定され、かつ外国籍を有していれば、子がその国籍を取得する可能性が大きいことを根拠とするから、同号の要件の判断に当たっては、国籍付与が可能な程度に父母が特定されているか否かを検討すべきである。そして、自己の日本国籍を主張する者が、その者の出生当時の状況により、通常は父母が知れないであろうと考えられる程度に事実を立証したときは、父母の身元が判明していることを相手方が立証しない限り、父母が知れないものとして取り扱うのが相当である。そこで本件の事情を総合的に考慮すると、Ｘの出生当時の状況によれば、Ｘの父母は通常知れないものと認められ、かつ、Ｘの父母が知れていことの証明もないから、結局父母が知れないものと認める外はない。

2　二審判決（東京高裁）
　Ｙの控訴を受けた二審判決は一審判決を覆し、Ｘの請求を棄却したが、その理由としておよそ次のように述べた[6]。即ち、自己の日本国籍を主張するものが、父母がともに知れないことを窺わせる事情を立証しても、相手方において、一応父母と認められる者が存在することを窺わせる事実を立証したときは、父母が知れないことの証明がないことになるというべきである。当

（5）　東京地裁1993年2月26日判決。
（6）　東京高裁1994年1月26日判決。

第1章　渉外戸籍・国籍法編　　*103*

事者が主張立証した諸事情を総合勘案すると、外国人出入国記録およびフィリピン共和国の旅券発行記録に記載されたセシリア・ロゼテとAは同一人である蓋然性が、高くXの母が知れないことについて証明されたとはいい難いので、結局、法2条3号の母が知れないときには該当しないというべきである。

3　上告審判決（最高裁）

　Xの上告を受けた上告審判は、原判決を破棄し、控訴を棄却してXの日本国籍を認めたが、その理由としておよそ次のように述べた。即ち第一に、法二条は原則として血統主義を採るが、日本で生まれた子の父母がともに知れないときも、その子を日本国民とする（同条三号）。これはできる限り無国籍者の発生を防止するためである。そうすると、そこにいう「父母がともに知れないとき」とは、父母のいずれもが特定されないときをいい、ある者が父又は母である可能性が高くても、これを特定するには至らないときも、右の要件に当たるものと解すべきである。なぜなら、父母が特定されて初めて、その者の国籍に基づいて子の国籍を決定することができるからである。第二に、法2条3号の要件に当たる事実の立証責任は、国籍の取得を主張する者が負うと解するのが相当であるが、出生時の状況等その者の父母に関する諸般の事情により、社会通念上、父母を特定することができないと判断される状況にあることを立証すれば、「父母がともに知れない」と一応認定できるものと解すべきである。そして、日本国籍の取得を争う者が、反証によってその者がその子の父又は母であると特定するに至らない場合には、なお右認定を覆すことはできないものというべきである。第三に、Xの母親は、氏名や誕生日を述べてはいたが、それが真実であるかどうかを確認することができるような手掛かりはなく、Xを出産した数日後に行方不明となったのであるから、社会通念上、Xの母を特定することができないような状況にあるものということができる。これに対してYは、Xの母とAが同一人である可能性がある事情を立証している。しかし、生年の相違、氏名の綴りの相違、意思伝達の方法などXの母とAとの同一性について疑いを抱かせるような事情もまた存在する。そうすると、Yの立証によっては、Xの母が知れないという認定を覆すには足りず、日本で生まれ、その父については何の手掛かりも

104　第2部　判例研究

ないXは、法2条3号に基づき、父母がともに知れない者として日本国籍を取得したものというべきである。

〔研　究〕
1　本件の意義

　本件は、いわゆる不法滞在者[7]をめぐる様々な問題の一環としてマスコミなどの関心を呼んだが、法解釈上も、国籍法2条3号の解釈が初めて最高裁で争われたケースであり、注目すべき事件である。本件を「レア・ケース」、あるいは「救済判決」ととらえる見方もあるようであり、確かにそういう側面があり得ることは確かであろう。しかし、筆者としては、本判決をもっと根本的な、というか、政策的な意義を持つものとして把握したい。

　さて、本件訴訟において一審から上告審までを通じて争われたのは3つの論点であったが、それらについては別の評釈で論じているので、本稿では若干角度を変えて、大上段から振りかぶるところから始めてみたい。

2　国籍法の理念と立法論・解釈論

　本件をどう考える、どのような結論を下すべきか、という点を考える上で絶対に軽視できないのは、国籍法（特に2条3号）の立法趣旨である。

　そもそも国籍立法には2つの大きな、そして互いに矛盾し得る理念がある。即ち、一つは「無国籍の防止」という理念。そしてもう一つは「多重国籍（二重国籍等）の防止」という理念である。どちらも論理的には、「すべて人は何れか一つの国籍を持つべきだ」との共通項でくくることができるが、実際の国籍立法では、二つの理念が必ずしも対等に重視されるとは限らない。例えば、日本の1984年の国籍法改正においては、それまでの父系優先血統主義から父母両系血統主義へとポリシーの転換が行われたが、そのことによる影響として、例えば日本国民と他の血統主義を採用する国の国民との間で生まれた子が二重国籍を取得する可能性が高まる、という指摘が少なからずあった。そして、これに対応すべく用意されたのが、現行の法15条、16条に規定されている、国籍選択の催告、外国籍離脱努力業務及び国籍喪失の制

────────────
（7）　具体的には、例えば東南アジアからの出稼ぎ労働者の一部。

第1章　渉外戸籍・国籍法編　　*105*

度であった。つまり、多重国籍の防止・排除については、今次の改正でそれなりの（十分か否か、妥当な内容か否かは議論の余地があるものの）手当てがなされたことになる。その一方で、無国籍の防止については、法2条3号の改正が取り沙汰されたものの、結局は改正の対象とはならなかった。つまり、無国籍の防止については、現行のままでよい（それ以上に保護する必要はない）という姿勢がとられたわけである。

　しかし、現行法2条3号には、解釈上大きな問題がある。即ち、同号は血統主義によって父母の国籍を子に与えることが期待できない場合に、これを補って子の無国籍を防止するものと考えられている。ところが、具体的な子の日本国籍取得の要件としては、「父母がともに知れないこと」または「父母がともに無国籍であること」の何れかを要求しているのである。確かに後者は、父母の国籍を子に与えられない典型的な場合であろう。しかし前者については、父母の属性のうち国籍以外のいかなる部分（氏名・年齢・住所など）が判明しても、それは子に父母の国籍を与えることには全く役立たないのであって、結局は父母の国籍がわかるか否かだけを問題とすべきはずである。にもかかわらず、同号前段が父母の国籍ではなく父母自体が知れているか否かを問うているのは、無意味な迂路というべきではないのか[8]。むしろ筆者としては、法2条3号を改正して、「日本で生まれた場合において、父母の国籍がともに知れないとき、もしくは無国籍であるとき、または父母の一方の国籍が知れず、他方が無国籍であるとき」とした方がより適切であるように思う。さらに言えば、法2条3号は生地主義をとる国の国民のことをあまり念頭に置いていないようであるが、その点も考慮して、「日本国籍を与えなければ生来的に無国籍となる者」全員に暫定的な日本国籍を与えるくらいのことをしてもよいのではないか（立法政策として）、とすら考えている。

　ただ、このような考え方に対しては、当然ながら批判ないし疑問もあろう。そもそも無国籍防止の理念は、国際社会が全体として取り組むべき問題であり、国際条約で解決すべきものであるにもかかわらず、日本のみがそこ

（8）　といいつつも、解釈論のレベルでは条文を無視することはできず、若干歯切れの悪い解釈を提示せざるを得なかったのが、すでに公表した本件一審判決の評釈および最高裁判決の評釈である。

106　第2部　判例研究

まで手を広げて無国籍者（となるはずだった者）の面倒を見る必要があるのか、というものである。確かにそれはそうであろう。ただ、国と国が意地を張り合うことによってとばっちりを受けるのは無国籍者である。また、あくまでも「暫定的」な措置と位置づければ、ある程度の「濫用」防止も可能となろう。「それでも日本国籍の乱発には反対だ」とまで言うのは、若干閉鎖的過ぎるのではないだろうか。

3　父母の「特定」とは

さて、本件裁判では、一審から上告審まで、父母の「特定」という概念が登場し、ひとつの重要なキーワードとして機能している。ところが、この文言は法2条3号には登場しない。では、この「特定」とは、一体どのような意味なのか。

この点は、上告審判決の報告を行った研究会の席上でも（そして確か一審判決の評釈のときも）議論となった。さきほど、立法論として紹介した考え方によれば、父母の国籍が不明なら、家族関係や居住関係がいくら判明しても「知れている」とは認めるべきではない、ということになろう。

これに対して、法2条3号の文言に着目し、一般的な用語法をも意識して「父母が知れている」を解釈するならば、例えば母の氏名・年齢・住所・職業などが分かっている場合、それでも国籍が分からないから母は「知れない」のだ、と言うことには、若干の抵抗感を覚えなくてもない。逆に、例えば棄児の場合には、父母は何れも事実上判明しないのであるから、父母が「知れない」と認めることに抵抗感はない。

そこで問題なのは、両者の接点ないし境界線である。といっても、二つの考え方を単純に足して半分にすればよいとか、両者の中間を取ればよいなどということを述べるつもりは毛頭ない。要するに、父母の特定の有無という、裁判所が提示した中間命題を（その要否ないし当否の点も含めて）検討する際に、国籍法の立法趣旨を重視して父母の国籍にあくまでもこだわるのか、

（9）　一審判決の報告をした研究会の席上でも、筆者は受け身的にではあるが、そのような発言をしたように記憶している。

（10）　父母の国籍が不明なら子に国籍を与える前提を欠くから、日本国籍を与える方向で考えるべきだ、というもの。

第1章　渉外戸籍・国籍法編　　*107*

それとも、「知れている」という表現ないし文言自体を尊重して（あるいは悪く言えばそれに引きずられて）父母との家族関係を意識するのか、という問題であろう。筆者は、立法論としては前者をとりたいと考えており、そのことは研究会の席上でも（あるいは報告時間外の雑談の中で言っただけかもしれないが）発言したように記憶している。ただ、解釈論のレベルではどうか、と言われると、そこまで割り切れないれないでいるのが現状である。[11]　結局は「割り切り」の問題に帰着してしまうような気もしなくはないが、今後も折にふれて検討していきたい問題である。

4　要証事実と証明責任

　本件において最終的な判断を左右したのは、法2条3号に関する立証責任の問題であろう。この点については、研究会での報告の直前に至るまでいいアイデアが浮かばないままに時間が過ぎ去ってしまい、結局研究会の席上でも、何とかこれまでの議論を整理して、それらの中から一応適切と思われるものを選んで呈示する、という程度のことしかできなかった。

　そもそも筆者の根本的な疑問は、「否定形の命題が積極的な要証事実たり得るのかどうか」という点である。たとえば本件の場合を考えると、「父母がともに知れない」という積極的な状態があるのか、ということである。もし、「父母の何れかが知れている」という状況について考えるならば、「○×さんがこの子の親です」という事実が存在し得る以上、かかる状況は積極的な事実として存在し得る。そして「知れている」ことを主張する当事者は、「○×」さんを尋ねて何とか捜し出せばよいことになる。

　しかし、「父母がともに知れない」の方はどうだろうか。この場合には、厳密に考えるなら、「この人がこの子の父又は母である、と証明できる人は一人として存在しません」という場合でなければ、「知れない」とは言えなさそうな気もする。しかし、考えてみると、「知れない」とは「知れ＋ない」であり、「知れている」と断言することを否定できるだけの根拠があればいいのではないか、とも考えられる（少なくとも筆者はそう考えた）。もしそう考えるなら、「知れない」は消極的な要件であることになる。この点は、国語

---

(11)　そのことには、最高裁判例に対する評釈の中でも触れてある。

108　第2部　判例研究

学的ないしは論理学的な検討を要する問題であるかもしれないが、筆者には
そのような力量がないので、少なくともこの場で詳細な検討を加えることが
できない。しかし何れにせよ、このように「父母が知れない」を消極的要件
と考えるならば、それを主張立証しようとする側（本件では原告）は裁判官が
「父母は知れている」という心証を抱くのをひたすら防げばよい。本件でも
原告は、実に様々な事情を持ち出してかかる努力をしているように思われる
が、筆者の見方としては、「母は知れている」との裁判官の心証を崩せる程
度の立証には十分に成功しているように思われる。

〔おわりに〕

　かつて、（現在も問題の全てが解決されたわけではないであろうが）、沖縄などの駐
留米軍の軍人（米国人）と地元の女性（日本人）との間に生まれた子が無国籍
になってしまうという問題が、重大な社会問題として論じられたことがあっ
た。いうならば、国籍法における血統主義（日本）と生地主義（米国）の隙間
に生じた問題であると言うこともできよう。日本はこの問題に対処するため
（という側面もあったものと思われるが）、それまでの父系優先血統主義を改め、
父母両系血統主義を採用するに至った。つまり、生地主義の穴を血統主義で
埋めたのである。ところが、そのことが多重国籍発生の危険性を増大させ
て、結局、同じ改正の際に、国籍選択の催告などに基づく日本国籍喪失の規
定を置くことになったわけである。しかし、生地主義に対応するというのな
ら、日本ももっと補充的生地主義の適用範囲を（例えば上記のような考え方によ
り）広げて、利用しやすい制度にする必要があるのではないだろうか。さら
には、日本自体も生地主義を採る、という手もあるが、それは流石に困難で
あろうし、本稿の対象を外れるので、ここではあまり深入りしないことにす
る。

　最後になるが、現在日本には、数百人の無国籍児がいるようである。それ
らの子供たちは、「祖国」を持つことが許されない、どこの国の国民でもな
い人間として扱われることになる。それらの子供に生来の日本国籍を与える
方策としては、①国際条約、②国内での特別立法、③国籍法2条3号の適用
（ないし類推適用）などが考えられる。今後はそれらの方策をうまく使って、

第1章 渉外戸籍・国籍法編　　*109*

無国籍者の発生防止をはかっていく必要があろう。

---

(12) その他に、生来的にではないが日本国籍を与える方策として④帰化がある。

4. 外国人が日本で提出した婚姻届書の記載訂正

福岡家裁小倉支部2000年12月12日審判
家裁月報53巻 6 号117頁

〔事　実〕

　X（申立人、韓国国籍）は、1940年に福岡県で出生し、韓国戸籍に入籍した後、1947年に新規に外国人登録をしたが、その際、出生地を誤って登録された。その後、外国人登録の更新時には韓国戸籍名と異なる氏名を登録した。

　A（Xの夫、韓国国籍）は、1934年に韓国内で出生し、韓国戸籍に入籍した後、1935年頃に来日し、以後日本に居住している。1947年に新規に外国人登録をしたが、その際、両親がほとんど文盲であり、また戦後の混乱期でもあったため、氏名・国籍・生年月日を誤って登録された。そして、これを放置しているうち、1988年に死亡した。

　XとAは1959年に婚姻したが、韓国にあるはずのXA両者の戸籍簿が焼失しており、取り寄せることができなかったため、その旨の理由書をつけて婚姻届出をした。その際、X・Aともに、氏名・国籍・生年月日を誤って届け出た。

　その後、Xは1999年に、Aとの婚姻届中のXの氏名および生年月日、ならびにAの死亡届中のXの氏名を訂正するため、追完届出をして受理された。他方、Aについては、家裁月報によれば、同人死亡のため婚姻届の追完届はできない、とのことである。

　以上の経緯が原因となって、外国人登録と韓国戸籍とでAの氏名・生年月日の記載が異なるため、XA間の子の出生届やAおよびXAの長男の死亡届を韓国において行うことができない状態にある。

　以上の事実関係に基づきXは、XAの婚姻届中のAの氏名・国籍・生年月日の訂正を求めた。それが本件申立である。

第1章　渉外戸籍・国籍法編　　*111*

〔判　旨〕

許可（確定）。

1　本件申立てについて

「本件は日本における婚姻届の訂正を求めるものであるが、外国人が日本において婚姻をする場合には、たとえそれが外国人間の婚姻であっても、日本の戸籍法の規定に従って日本において婚姻届出をすることによってのみ婚姻が成立し（法例13条2項）、戸籍に記載されることはないが、実務上は、これら届書は市長〔ママ〕村長が保管し、前に届出た事項に誤りを発見した場合は追完届をさせ、前の届書と一括して市長〔ママ〕村長が保存すべきものとされている。そして、これら市長〔ママ〕村長の保存に属する届書類は、外国人の身分関係を公証するものであり、日本人における戸籍のそれに準ずる重要な証明書類となるものである（戸籍法48条、戸籍法施行規則66条1項）。したがって、外国人間の婚姻届書類の記載に錯誤ないし遺漏があることを発見した場合には、それが婚姻関係という身分関係に関する事項であることに鑑み、その届出人である外国人は戸籍法113条の類推適用により家庭裁判所の許可を得て届書の訂正を申請することができるものと解すべきである（1965年5月13日民事甲第794号、797号各民事局長回答）。」

2　国際裁判管轄権及び準拠法について

「いわゆる戸籍訂正事件の国際裁判管轄権については、日本法において明文の規定はないが、事案の性質上、原則としてその者の本国に国際裁判管轄権があると解するが相当である。しかし、本件は本国の戸籍の内容を訂正するといったものではなく、外国人が法例の準拠法により日本の方式によって行った婚姻届の記載の訂正を求めるものであって、日本の方式による内容の問題であるから、住所地である日本国に管轄権を認めるのが相当である。そして申立人の住所は北九州市にあるから、本件については当裁判所が国際裁判管轄権を有することとなる。

そうすると、同様の理由により、本件については日本法が準拠法となる。」

3　錯誤・遺漏の有無について

XとAの婚姻届は、要件具備証明書が得られなかった旨の申述書及び外国人登録済証明書を添付してなされ、その際にAの外国人登録上の氏名を

112　第2部　判例研究

婚姻届にそのまま記載したが、それが韓国戸籍上の記載と異なっていること
は明らかである（Ｘも婚姻届の際に韓国戸籍上の記載と異なった氏名及び生年月日を
記載したが、後日婚姻届の追完届出をして訂正した）から、「上記婚姻届中、…… Ａ
の氏名、生年月日及び国籍の記載には錯誤があり、真実に反しているという
ことができる」。

〔研　究〕

論旨には疑問がある。

1　はじめに

　本件は、家族関係自体に影響のない届書中の記載事項の訂正を、戸籍法
113条の類推適用によって認めた事例であり、実務的にも学問的にも興味深
いものがある。ただ、その論旨にはいくつか疑問点があるので、それらにつ
き論じることとする。

　ここで本稿全体の構成を示しておく。まず2では、法例の適用（適用すべ
き抵触規定の決定）に関する本件審判への疑問を提示する。指摘自体は決して
重要性の低いものではないが、本稿全体の中では前置き的な位置づけとな
る。次の3と4では、本件審判が依拠している2つの論拠、つまり「届書の
重要性」と「戸籍訂正手続との類似性」に対する批判を試みる。すなわち3
では、本件審判が、国際裁判管轄・準拠法決定・届書訂正申請の可否という
本件の主要論点に関する判断の根拠を、いずれも「届書の重要性」という点
に置いていることへの疑問を提示する。本件審判のいわば「心臓部」をえぐ
ろうとするものである。そして4では、戸籍訂正事件の国際裁判管轄ないし
準拠法という枠組みを応用して届書訂正事件の国際裁判管轄ないし準拠法に
ついての結論を導こうとする本件審判の論理の不整合を指摘し、もっと素直
でわかりやすい論理の立て方を提示する。3で示した本件審判への疑問を基
礎に置いた、より具体的・各論的な考察ということになろうか。最終的な私
見は4の末尾のわずか数行の部分に過ぎないのだが、本件審判の検討から出
発してそのような私見に至る過程を追体験していただきたいという趣旨で、
あえてこのような順序で論じている次第である。それに続く5では、4末尾
で示した私見を留保した上で、本件審判の国際裁判管轄に関する部分に対す

第1章　渉外戸籍・国籍法編　　*113*

る疑問のうち、3・4で取り上げなかったものをまとめて提示しておく。以上で国際裁判管轄と準拠法指定に関する検討を終わり、6では、本件で届書の訂正という手続を用いることの適否を、本件審判で引用されている戸籍先例やその他の戸籍先例に基づいて検討する。最後に7では、本評釈のもととなった渉外判例研究会報告について、研究会での反応などを紹介する。以上が本稿の構成である。[(1)]

2　法例の適用

本論に入る前に、法例の適用について1点指摘しておく。本件審判は、本件婚姻の方式の準拠法について、法例13条2項によるべき旨を述べている。しかし、本件婚姻は1959年に締結されているのであるから、法例の1989年改正附則2項本文により、本件婚姻の方式の準拠法は同年改正前法例13条但書によるとすべきであろう。

3　届書の重要性と国際裁判管轄・準拠法・訂正申請可否との関係

本件審判は、外国人にとって戸籍上の届書類がいかに重要であるかという点を強調し、「届書類は、外国人の身分関係（筆者注・家族関係）を公証するものであり、日本人における戸籍のそれに準ずる重要な証明書類となるものである」としている。そして、この「戸籍に準ずる重要性」という観点を出発点として、国際裁判管轄、準拠法、及び戸籍法113条類推適用の可否というそれぞれの論点についての判断を導いている。

しかし、そもそもこのような考え方には疑問がある。確かに、戸籍に記載されない外国人にとって、家族関係を直接証明してくれるのは基本的に届書であり、その意味で届書が重要な書類であることは否定できない。[(2)] しかし、家族関係を常時公証し続け、常に最新の情報を掲載し続けているはずの戸籍簿と、届出という過去の1回的な事実を証明するに過ぎない届書とを、「準

（1）　本稿に関しては、主に以下の文献を参照した。①澤田省三「ピックアップ戸籍法67」戸籍733号（2002）55頁、②村重慶一「戸籍判例ノート124）　婚姻届の記載訂正事件」戸籍時報539号（2002）52頁、③島野穹子「外国人が日本でした婚姻届書中の氏名等の訂正許可」民商法雑誌126巻6号（2002）916頁、④戸籍先例研究会編『戸籍先例全集（2）』（ぎょうせい・1952、加除式）、⑤戸籍先例研究会編『戸籍先例全集・渉外編（1）』（ぎょうせい・1952、加除式）。

（2）　このような届書の重要性については、本件審判に対する解説・評釈である、澤田・前掲注1①・58頁、村重・前掲注1②・53頁、島野・前掲注1③・125〜126頁の何れもが認めている。

114　第2部　判例研究

ずる」などという曖昧な基準で結びつけ、そこから管轄など様々な結論を導き出そうとするのは、若干強引に過ぎるように思われる。

4　届出記載訂正の管轄原因及び準拠法決定基準に関する本件審判への疑問

本件審判は、一方で戸籍訂正について本国の国際裁判管轄を原則としつつ、他方で届書の記載訂正について住所地の国際裁判管轄を認めている。これは一見すると、届出については例外的に住所地の国際裁判管轄を認める、とも読めなくはないが、もしそうだとすると、戸籍訂正に関する原則管轄と届書訂正に関する例外管轄という、原則と例外がずれた関係になってしまう。また、もし両者が原則と例外の関係ではないとすると、なぜ戸籍訂正の国際裁判管轄をここで持ち出すのかが問題となる。そこで登場するであろうと思われるのが、先ほどの届書の重要性であるが、すでに述べたように、その点を拠り所とすることには疑問がある。

また、準拠法の点についても、本件審判は国際裁判管轄の場合と「同様の理由」によって、日本法を準拠法としているが、やはり上記と同様の疑問が生じる。

むしろ、どちらの問題についてもストレートに、「届書の記載訂正の国際裁判管轄」「届書の記載訂正の準拠法」という問題の立て方をした方が素直ではなかろうか。そして、届書の記載の訂正は、その届書を受理・保管している官庁の専権事項であるから、届書記載訂正の国際裁判管轄は専らその官庁の所属国にあり、準拠法もその国の法 (実質法) となるものと考えればよいのではないだろうか。

もっと言えば、家族関係の変動を伴わない本件のような単なる届書の記載訂正事件は、私法上の問題ではなく公法上の問題であって、もともと民事訴訟法上の国際裁判管轄に関する規定や、法例の準拠法指定に関する規定は適用される余地がないものと考えるのが、最もすっきりしているように思われる。[4]

5　国際裁判管轄に関するその他の疑問

4末尾で示した私見を一応留保し、本件に国際民事訴訟法の適用があると

（3）　島野・前掲注1③・197頁も同旨。
（4）　島野・同上。

の前提に立った上で、3・4以外に国際裁判管轄に関する本件審判の内容で疑問の残る箇所として、次の2カ所を指摘したい。1つは、審判要旨が住所地管轄を認めている点である。つまり、審判要旨は一方で「外国人が法例の準拠法により日本の方式によって行った婚姻届の記載の訂正を求めるものであって、日本の方式による内容の問題である」としながら、結局「住所地である日本国」に国際裁判管轄権を認めており、これを「妥当な判断である」としている文献もある。しかし、「日本の方式による内容の問題」だから「住所地」の管轄を認める、という論理は納得し難い。上記3末尾で述べたことはともかく、せめて「方式の準拠法所属国の国際裁判管轄」という管轄原因を認めた方がよかったのではなかろうか。

　もう1つは、審判要旨が「Xの住所は北九州市にあるから、本件については当該裁判所が国際裁判管轄を有することとなる」とした点である。国際裁判管轄の有無は基本的には国ごとに決せられるものであるから、「当裁判所が国際裁判管轄を有する」のではなく、日本国が国際裁判管轄を有し、その中で当裁判所が国内裁判管轄を有する、とすべきである。[6]

6　戸籍法113条の類推適用（届書の「訂正」の可否）

　本論の最後に、本件審判が戸籍法113条の類推適用により届書訂正申請を認めたことの可否について論ずる。本件審判がかかる申請を認める根拠として持ち出しているのが、1965年5月13日民事甲第794号[7]、797号[8]各民事局長回答である。そこで、794号回答の先例としての意義を、同回答によって変更[9]された1960年3月28日民事甲731号民事局長回答[10]との関係で考えると、それは、身分関係の存否に影響のある届書記載事項に誤りがあった場合には、改めて正しい届出をさせるのではなく、家族関係の存否を裁判で確定してから、先になされた届出の追完をさせるべきである、とする点にあるものと思

（5）　澤田・前掲注1①59頁。
（6）　島野・前掲注1③・126頁は両者を明確に分けて論じている。なお、澤田・前掲注1①59頁は「家庭裁判所が国際裁判管轄を有する」とするが、これは筆者にとって意味不明である。
（7）　戸籍先例研究会・前掲注1⑤・260の22頁。
（8）　同上・260の30頁。
（9）　ただし後者は前者に従うとした先例なので、独自の先例価値はあまりない。
（10）　戸籍先例研究会・前掲注1⑤・193頁。

116　第2部　判例研究

われる。とすると、本件では身分関係の存否に影響はないのであるから、そ[11]のような裁判は不要である。また、戸籍法上、届書について記載事項を直接訂正することはできないのであって、後から出された追完届ともとの届出を一緒に保管するしかない。だとすれば、訂正ではなく、あくまで追完と表現[12]した方が素直ではなかろうか。

　以上から、本件の場合には、戸籍窓口の段階で、Xによる婚姻届の追完届を認めるべきであったように思われる。なお、その場合、死亡したAの氏名等についてXが訂正する旨の追完をすることができるか、が問題となるが、1919年6月26日民事第841号民事局長回答17項後段は、身分行為の効[13]力に影響を及ぼさない事項が欠けている場合には、届出人のうちの1人が追完届を出してよいとしている。よって本件でも、Xが単独でAの氏名等につき戸籍窓口に追完届を出すことは差し支えないものと考える。もし戸籍窓[14]口で追完届の受理が拒まれた場合には、戸籍法118条に基づいて家庭裁判所に不服申立てをすればよいものと考える。その場合、家庭裁判所は、同法119条・家事審判法2章の規定により、市町村長の処分の可否を判断することになろう。

7　研究会にて

　研究会の席上では、戸籍法113条の類推の可否については見解が分かれた。また、Aの国籍や、Xが単独でAの国籍の訂正を申し立てたことの是非、戸籍の不備に乗じて詐欺的な意図で氏名の変更を申し立てた場合の問題点などが指摘された。確かに困難な課題が残されていることは事実であり、筆者の一応の結論は上記の通りではあるが、引き続き検討していきたい。

---

(11)　本件審判が〔本件申立てについて〕の中で「婚姻関係（筆者注・家族関係）という身分関係に関する事項であることに鑑み」としているのは、単なる氏名の表記の問題を家族関係そのものに関する重大事項であるかのように見せかける効果を有する点で大いに疑問である。

(12)　実務的にもそうしているようである。

(13)　戸籍先例研究会編・前掲注1④・520頁。

(14)　ただ、上記回答は国内事例に関するものであり、渉外事例である本件と同一に論じてよいのか、との疑問もあり得るが、この事例も戸籍そのものの訂正ではなく届出の追完の事例であるから、本件の先例としてそれなりに機能し得るように思われる。ちなみに、澤田・前掲注1①・60頁も同じ先例を用いて追完を認めるべきだとしている。また、島野・前掲注1③・198頁も、この回答こそ引用してはいないが結論としてはXからの追完を認めてよいとしている。

5．氏の変更

東京家裁1990年6月20日審判
家月42巻12号56頁

〔事　実〕

　X女（申立人―日本人）は、1989年にA男（カナダ人）とカナダで婚姻し、同国で生活した後一緒に帰国した。Xは婚姻の際、カナダで氏を「福本ロビンソン」として登録し、運転免許証、学生証、健康保険カードなど同国における公的なものはすべて「福本ロビンソン」になっている。Xは、今後当分日本で生活するものの、将来はカナダの生活もしたいと考えているが、日本での戸籍上の氏とカナダでの氏が異なるのでは日常生活上極めて不便であるとして、「福本ロビンソン」と変更することを強く望んでいる。

〔判　旨〕

　申立て認容。

　（ⅰ）「上記事実によれば、Xについてはその氏を『福本ロビンソン』と変更する必要性が高いといえるが、戸籍法は外国人と婚姻した者について、その配偶者の氏への変更は届出によりすることができるとしているものの（同法107条2項）、本件のように夫婦の双方の氏を併記した新たな氏への変更については何ら規定していないし、また、日本人間の婚姻の場合には、夫婦は夫又は妻の氏を称することとされ（民法750条）、夫婦の双方の氏を併記した氏を使用することは認められていない。」

　（ⅱ）「しかしながら、今日の国際交流が盛んになり、国際結婚も増加している社会情勢のもとにおいては、各国における氏の制度の相違も反映し、外国人と婚姻した日本人について、単に外国人配偶者の氏に変更するのでは足らず、本件のように妻の氏と夫の氏を併記した新たな氏を使用する必要性が高い場合が出てくることは当然考えられる。そして、このような事情は十分考慮に値し、一方、このような氏への変更が認められても我が国の氏の制

118 第2部 判例研究

度上特に支障があるとは思われない。」

　（ⅲ）「そうすると、本件氏の変更については、前記認定の事実に照らし、戸籍法107条1項にいう『やむを得ない事由』があると認め、許可するのが相当である。」

〔研　究〕

　1　本審判は、外国法上の結合姓を戸籍に記載することを認めた珍しい事例である。氏の変更を認めたその結論自体には賛成したいが、渉外判例百選〈第3版〉185頁で永田誠教授が指摘しているように、その論拠については根本的な疑問がある。そこで以下では、国際私法と戸籍法の両面からこの問題を再検討することとする。

　2　まず、氏の準拠法の決定という側面から検討する。

　氏の準拠法については従来から多くの検討がなされてきたが[1]、学説上、（a）氏の問題を家族法上の法律行為の効力の問題と考えてその準拠法によるとする説[2]、（b）氏の問題を本人の人格権ないし氏名権の問題としてとらえ、条理上その属人法としての本国法によるとする説[3]、（c）氏を国民登録である戸籍上の識別符号ととらえ、国際私法の適用を否定して公法である戸籍法の規律を直接受けるとする説[4]、といった諸説が主張されてきた[5]。

　3　そこで考えるに、筆者としては、少なくとも氏名公法説には賛成することができない。なぜなら、この説では、氏の戸籍法的側面（氏の戸籍編製原理の一つとしての側面）を強調するあまり、比較家族法的にみれば氏が諸外国法上の姓（ファミリーネーム）と共通の性質を有している点が軽視ないし看

（1）　比較的最近のものとしては、出口耕自『基本論点国際私法［第2版］』（法学書院・2001）145頁、西谷祐子「渉外戸籍をめぐる基本的問題」ジュリスト1232号（2002）147頁、島野穹子・戸籍748号（2003）3頁などがある。

（2）　効果法説。家族法上の地位の変動に伴う氏の変動に関する従来の通説である。佐藤やよひ『ゼミナール国際私法』（法学書院・1998）44頁。ただし、その中にも様々なバリエーションがある点につき、澤木敬郎他編『国際私法の争点［新版］』（有斐閣・1996）193頁（海老沢美広）。

（3）　氏名権説ないし属人法説。氏一般に関する通説である。佐藤・前掲注2。

（4）　氏名公法説。澤木敬郎「人の氏名に関する国際私法上の若干の問題」家裁月報32巻5号（1980）1頁。

（5）　なお、氏の準拠法について当事者自治を認める見解もあるが、本稿ではその詳細は割愛する。池原季雄他編『渉外判例百選［第3版］』（有斐閣・1995）189頁（海老沢美広）参照。

第1章　渉外戸籍・国籍法編　　*119*

過されてしまう危険性を否定できないように思われるからである[6]。

　次に、効果法説はどうだろうか。家族法上の地位の変動に伴う氏の変更について考える限り、家族法上の地位の変動に伴う様々な効果の一つとして氏をとらえることは国際私法の観点からも確かに可能であるし、夫婦・親子などにつき統一的な準拠法を選択でき、後に属人法説の箇所で説明する適応問題の発生[7]を回避することができる、というメリットもあろう。ただ、今や実質法上の観点からすると、特に夫婦の氏[8]の変動は、家族法上の地位の変動（婚姻）に伴って当然に生ずるというよりも、家族法上の地位の変動（婚姻）を契機として婚姻当事者が選択する、という形で生じるのが主流になりつつある[9]。その裏には、個人の尊厳と両性の本質的平等の思想がある[10]。その考え方を抵触法の世界に持ち込むことができるとするならば、常に婚姻効果法によるよりもむしろその方が適切なのではないか、という気もしなくはない[11]。

　では、属人法説はどうだろうか。この説は、氏の問題を個人の人格権・氏名権の問題として位置づけ、各人につき個別に準拠法を選択しようとするものである。その視点自体には決して異を唱えるものではないが、ただ、夫婦各々の属人法が夫婦の氏を統一的に定めている場合に、夫婦各々が別個の準拠法によって自らの氏を決めようとすると、結局どちらの者の属人法上の効果も実現できなくなる危険性がある[12]。結局そのような場合には適応問題として解決をはかることになろうが、最初からそれを狙うのはあまりスマートなやり方とは思えない[13]。

（6）　澤木他編・前掲注2・194頁、池原他編・前掲注5・189頁。その背後には戦前の「家制度」の残滓とでもいうべきものが潜んでいる点を指摘するものとして、石黒一憲「人の氏名と国際家族法」家裁月報37巻9号（1985）25頁、西谷・前掲注1・146頁などがある。

（7）　澤木他編・前掲注2・193頁。

（8）　婚姻した者の氏、という表現の方が適切かもしれない。

（9）　諸外国における夫婦の氏の状況については、高橋菊江他『夫婦別姓への招待〔新版〕』（有斐閣・1995）9頁以下を参照。

（10）　女子に対するあらゆる形態の差別の撤廃に関する条約16条1項g号。

（11）　なお、効果法説への批判として、現行法例14条の規定する密接関係地法は当事者にはわかりにくい、と述べるものがあるが、それは婚姻の効果全般に関する問題であって、特にここで取り上げなければならない性質の問題ではないように思う。

（12）　例えば夫婦の一方の属人法が夫婦別姓を強制し、他方の属人法が夫婦同姓を強制しているような場合を想起せよ。

（13）　ただ、適応問題の発生にこだわりすぎるのは心ないことと指摘するものとして、池原他編・

120　第2部　判例研究

4　むしろ、解釈論として筆者は次のように考えたい。「家族法上の地位の変動に伴う氏の変動」と呼ぶべき諸問題の中には、（a）複数の人間について同一の変動を認める必要がある場合[14]と、（b）その者について単独で変動を認めればよい場合とが混在しており、そのことがこの問題を複雑にしているように思われる。上記3で説明した適応問題回避の要請と個人の氏名権尊重の要請について考えても、家族法上の地位の変動に伴う氏の変動においては前者が優先し、個人の意思による氏の変動においては後者が優先する、というよりは、上記（a）と（b）とで区別して考える方が妥当であるように思われる[16]。とすれば、それらの問題を国際私法レベルでも区別し、前者については家族法上の地位の変動の準拠法によらせ、後者については各人の属人法によらせる、という考え方はできないであろうか。

5　次に、戸籍法107条の適用という側面から検討する。

明治期から第2次世界大戦まで、身分変動に伴わない氏の変更は原則として認められないとされてきたが、戦後の戸籍法改正により107条が新設され、「やむを得ない事由」があれば氏の変更が認められることになった[17]。ただ、その変更は「呼称上の氏」の変更であるに過ぎず、「民法上の氏」は何ら変更されていない、と説かれるのが普通である。明文規定には必ずしも十分には表れていないこれらの概念が、戸籍実務の根幹をなしているのである。「呼称上の氏」と「民法上の氏」との関係についてはあちこちで説明されてきたが[18]、氏を表札に例えていうならば、「民法上の氏」とは表札の本体であり、「呼称上の氏」とは表札に書かれた文字としての氏名である、といえよう。氏の制度が比較法的にみて独特なのは、この表札（民法上の氏）に「戸籍編製の基準」という特別な意味が付与されているからである。これに対して「呼称上の氏」にはそのような意味づけがなく、比較的自由に変更すること

　前掲注5・188頁。ちなみに、この説と氏名公法説との連続性が説かれることがあるが、両者における「本国法」の意義には差があるのであって、両者の連続性をあまり強調することには疑問がある。澤木他編・前掲注2・193頁。

(14)　例えば夫婦が、妻の氏と夫の氏の何れを夫婦共通の氏として選択するか、という問題。

(15)　例えば夫婦の一方が他方の姓を自己の姓に付加することができるか否か、という問題。

(16)　つまり家族法上の地位の変動に伴う氏の変動をさらに2つに分けて考えることになろう。

(17)　大島英一『氏名の変更』（法令総合出版・1985）33頁以下。

(18)　例えば島野・前掲注1・2頁。

第1章　渉外戸籍・国籍法編　*121*

ができてもおかしくはない。ただ、それに対しては呼称秩序の観点からの制約が必要とされるのであって、そのための規定が戸籍法107条1項である。これは、同条2項3項や民法767条2項がかかる許可を不要としたことを考えれば想像に難くないであろう。107条は、一見とても自由で柔軟な規定であるかのように見えるが、実はその裏側で戦前の家制度的発想を現代の氏に持ち込んできた張本人なのである。

　　6　国際私法との関係でいえば、氏が戸籍編製原理にもなっていることから、「外国人は民法上の氏を有しない」というのが戸籍実務の一貫した姿勢である。国籍と氏と家の相互関係について渉外戸籍制度の沿革をたどると、外国人は「家」に入れないから「家」の名称である氏も称することができず、「家」の登録簿である戸籍にも記載されない、ということのようである。国際結婚には民法750条は適用されず、専ら戸籍法107条（特に2項）を適用して氏の変更を認める、という渉外戸籍実務の立場は、そのような家制度的発想の残滓であり、国際私法上の扱いを戸籍に反映させないという意味で疑問である。むしろ、例えば本件のような場合には、婚姻の家族法上の効力の準拠法であるカナダの何れかの州法（わが法例28条3項を通して準拠法として指定）に基づいて、妻であるXはすでに結合氏を取得しているとの理由で氏の変更許可は認めず、代わりに戸籍訂正の手続を踏ませてXの戸籍上の氏を訂正してもらうのが筋ではなかろうか。

---

(19)　同項は民法上の規定ではあるが、氏の性質上は戸籍法107条と同類の規定である。

(20)　島野・前掲注1・4頁。

(21)　大村芳昭「戦前の「国際家族」と戸籍」中央学院大学社会システム研究所紀要3巻1・2号（2003）115頁。

(22)　出口・前掲注1・147頁、澤木他編・前掲注2・196頁。

(23)　池原他編・前掲注5・185頁（永田誠）

122 第 2 部 判例研究

6．生後認知と出生による日本国籍の取得

最高裁第 1 小法廷2003年 6 月12日判決
判例時報1833号37頁

〔事　実〕

　A（国籍韓国・女性）と B（国籍日本・男性）は1990年12月 3 日に婚姻し、両者の間には1991年 2 月 4 日に長女が出生した。その後、1995年の 1 月頃に AB は別居し、B は A の署名捺印のある離婚届の交付を A から受けたが、子の親権及び養育問題につき合意することができなかったため、その離婚届を提出することができずにいた。1997年 8 月頃になって親権につき AB 間に合意が成立したが、その頃には A は B からの一方的連絡を受けるのみであり、B の所在すら確認することができなかった。結局、A は B の離婚意思を確認できないまま、1997年 9 月25日に離婚届を提出した。

　他方、A は1995年 5 月頃に C（国籍日本・男性）と知り合い交際を続け、1997年 9 月26日に帝王切開により X（原告）を出産した。その後、A は母体保護のため入院し、退院後も長女の通学の送迎等をしながら自宅療養を続けたが、1998年 3 月頃に弁護士に相談し、B の所在を調査したが判明しなかった。

　1998年 6 月15日、A は X の親権者として、B に対する親子関係不存在確認の訴えを提起し、10月20日に親子関係不存在確認判決が出て、11月 5 日に確定した。それを受けて C は、1998年11月 9 日、X を認知する旨の届出を出した。

　以上の事実関係のもとで、X が Y（国）に対して日本国籍を有することの確認を求めたのが本件である。

〔判旨〕

　原判決破棄・控訴棄却（請求認容・確定）。

　「外国人の母の非嫡出子（筆者注・婚外子）が戸籍の記載上母の夫の嫡出子

第1章　渉外戸籍・国籍法編　　*123*

（筆者注・婚内子）と推定されるため、日本人である父による胎児認知の届出が不適法なものとして受理されない場合に、上記推定がされなければ父により胎児認知がされたであろうと認めるべき特段の事情があるときは、上記胎児認知がされた場合に準じて、国籍法2条1号の適用を認め、子は生来的に日本国籍を取得すると解するのが相当である。」

「上記特段の事情があるとして同号の適用が認められるためには、①戸籍の記載上嫡出推定（筆者注・婚内子として推定されること）がされ、胎児認知届が不適法なものとして受理されない場合に、②母の夫と子との間の親子関係の不存在を確定するための法的手続が子の出生後遅滞なく執られた上、③上記不存在が確定されて認知の届出を適法にすることができるようになった後速やかに認知の届出がされることを要する……（最高裁1997年10月17日判決）」。

上記要件①について：離婚後の出生の場合でも、離婚と出生が時期的に近接しているときは、胎児認知の届出を要請するのは時間的に無理を強いるものであるから、①の要件を満たす。

上記要件②について：帝王切開、自宅療養、Bからの一方的連絡を待つ状態、Bの所在不明と公示送達、の諸事情に照らせば、Xの出生から親子関係不存在確認の8カ月余を要したのもやむを得ず、②の要件を満たす。

上記要件③について：親子関係不存在確認判決の確定から4日後に認知しているから、③の要件を満たすことは明らかである。

以上から「Xは、日本人であるCの子として、国籍法2条1号により日本国籍を取得したものと認めるのが相当である」。

なお、横尾和子裁判官より、「出生後一定の期間経過後は、事情のいかんを問わず、法的手続が遅滞なく執られたとはいえないと解すべきである」として、Xの日本国籍を認めるべきでないとの反対意見が出されている。

〔研　究〕

Xの日本国籍を認めた点には賛成だが、理由づけには疑問がある。[1]

─────────
（1）　本件の紹介・解説としては、奥田安弘『国籍法と国際親子法』（有斐閣・2004）212頁、木棚照一・平成15年度重要判例解説（2004）288頁、同『逐条註解国籍法』（日本加除出版・2003）159頁、澤田省三・戸籍750号（2004）31頁、高佐智美・法令解説資料総覧261号（2004）122頁、

124　第2部　判例研究

1　本件の位置づけ

　本件は、生後認知による生来的な日本国籍取得の是非が問われた事例である。

　この問題について、従来の通説及び裁判例[2]は認知の遡及効を国籍法上否定する立場をとってきた。[3]

　しかし、東京高裁1995年11月29日判決[4]は、「極めて例外的な場合」に限って、「特別の事情があって子の出生前の認知届はないが、嫡出（筆者注・婚内子であること）が否定された時に接着した時……に新たな出生届と認知届出があった場合に限っては、国籍法2条1号の要件を満たすものと解して」よいと判示した。[5]

　さらに、その上告審判決である最高裁1997年10月17日判決[6]は、「客観的にみて、戸籍の記載上嫡出の推定がされなければ日本人である父により胎児認知がされたであろうと認めるべき特段の事情がある場合には、右胎児認知がされた場合に準じて、国籍法2条1号の適用を認め、子は生来的に日本国籍を取得する」と判示した。そして、この「特段の事情」とは、①戸籍上婚内子としての推定がなされ胎児認知ができないこと、②母の夫と子との間の親子関係不存在を確認するための法的手続が子の出生後遅滞なく執られること、③右不存在が確定された後、速やかに認知届がされることであるとされた。

　上記両判決に対する学説の評価は、例外的な救済として賛成するもの[7]が比較的多数を占めるものの、かなり消極的な賛成にとどまっているように思われるもの[8]も少なくないほか、国籍法3条の違憲性を理由に結論にのみ賛成するもの[9]や、明確に反対するもの[10]も見受けられる。

　　同・法学セミナー586号（2003）107頁がある。
（2）　木棚・前掲注1（国籍法）・130頁。
（3）　東京高裁1980年12月24日決定、判例時報993号（1981）56頁など。
（4）　判例時報1564号（1996）14頁。評釈については木棚・前掲注1（国籍法）136頁参照。
（5）　その限りで認知の遡及効を認めたと解してよいであろう。佐藤やよひ・ジュリスト1134号（1998）133頁。
（6）　民集51巻9号3925頁。評釈については木棚・前掲注1（国籍法）140頁参照。
（7）　佐藤・前掲注5・134頁。
（8）　佐野寛・法学教室212号（1998）131頁など。

第1章　渉外戸籍・国籍法編　　*125*

1997年判決の後、同判決のいう「特段の事情」の有無をめぐっては、いくつかの下級審裁判例ないし審判例がみられる。[11] 本件も、「特段の事情」の有無、言い換えれば1997年判決の射程が問われた事例であると言えよう。[12]

2　判旨の分析

（1）　判旨は、国籍法2条1号との関係で認知の遡及効を認めない立場を前提とした上で、特段の事情がある場合に限り胎児認知に準じて国籍法2条1号の適用を認めるものとしている。そこで、以下その妥当性を検討する。

（2）　国籍法における認知の遡及効

民法784条は認知の遡及効を認めているにもかかわらず、従来から、国籍法においては認知の遡及効を否定する見解が多数であった。その論拠は以下の通りである。

①国籍の安定性（浮動性防止）の観点から、国籍は出生時に確定すべきである。

②父の生後認知という一方的な行為による国籍付与は憲法24条に反する。

③父子と母子、婚内子と婚外子では実態的相違がある（生活関係の一体性が異なる）から、国籍の取得要件についてもその相違を反映させるべきである。

そこで、以下これらにつき検討する。まず①について。現行法上、国籍留保届を怠った場合（国籍12条）や、婚内子であることの否認ないし親子関係不存在確認の裁判により子が婚内子であることが否定された場合のように、[13] 遡及的に日本国籍を失う場合が認められている以上、2条1号との関係で殊更に国籍の浮動性防止の観点を強調するのは妥当でない。ただ、国籍の遡及的変動が法的安定性の点で問題を孕むことは確かであり、何らかの歯止めが

（9）　奥田安弘『家族と国籍［補訂版］』（有斐閣・2003）など。ただ、原審判決の評釈である同・戸籍時報456号（1996）10頁以下は、憲法論を展開することなく国籍法独自の解釈の観点から判決の結論を支持している。

（10）　櫻田嘉章他編『国際私法判例百選』（有斐閣・2004）209頁（国友明彦）など。

（11）　木棚・前掲注1（国籍法）153頁。

（12）　奥田・前掲注1・214頁。

（13）　木棚・前掲注1（国籍法）126頁、奥田・前掲注1・192頁。

126　第 2 部　判例研究

必要であることは否定できまい。

　次に②について。もし認知を血縁上の父子関係を確認する行為と考えるなら、認知による国籍取得は血統主義の一部であり、父の自由意思によるものではないことになるから、憲法24条との関係を論ずる前提を欠くことになろう。ただ、現行民法が認知を父の一方的法律行為による親子関係の創設として規定している以上、この批判は何らかの形で克服する必要があるように思われる。ただ、裁判認知については任意認知と異なる考慮が必要となろう[14]。

　最後に③について。確かに、婚内子と婚外子、婚外父子関係と婚外母子関係の間には統計的な生活実態の差異があり得る。しかし、それが法の適用に関する区別を正当化するとは限らない。女性の勤続年数が統計的に短く、教育訓練をしても会社に還元される度合いが低いことが予想されるからといって、教育訓練において女性を一律に差別することが正当化されるわけではない（男女雇用機会均等法 6 条参照）のと同様に、婚外父子関係の一体性が統計的に希薄だから、生後認知による国籍取得を否定してよいことにはならない。

　以上から、いつまでも国籍が確定しない状態をつくらず、かつ任意認知において子や母の意思を尊重することができれば、国籍法において認知の遡及効を否定する合理性はないものと考える。

（3）　特段の事情法理の問題点

　判旨は、認知の遡及効否定という一般論を前提としながら、もし婚内子としての推定がされなければ胎児認知がされたであろうと認めるべき「特段の事情」があれば、胎児認知がされた場合に「準じて」国籍法 2 条 1 号による日本国籍取得を認めるとしている。生後認知の場合に生来的日本国籍取得を認めるための理論構成としては、従来、①自然的血縁関係による説[15]、②例外的に遡及効を肯定する説[16]、③胎児認知に準ずるとの説[17]、④国籍法 2 条 1 号にいう「出生の時」を拡大解釈する説[18]が見受けられるが、何れも難点がある。まず①は、大阪高裁のケースが非常に特殊な事例であるため、先例性に疑問

---

(14)　横溝大・法学教室272号（2003）119頁。
(15)　大阪高裁1987年 2 月 6 日決定、判例タイムズ630号（1987）266頁。
(16)　前掲注 4 。
(17)　最高裁1997年10月17日判決（前掲注 4 の上告審）、本件 1 審判決、本判決。
(18)　奥田・前掲注 9 （戸籍時報）・11頁。

第1章　渉外戸籍・国籍法編　*127*

がある。次に②は、例外を認める要件をよほど厳格に定めない限り、「例外
の範囲のなし崩し的拡大の危険[19]」がある。また③は、「準じる」の意味が曖
昧であり、また運用次第で②と同様の「なし崩し的拡大の危険」も否定でき
ない[20]。最後に④は、出生の数カ月後を「出生時」と認めるのは若干強引な感
じがしなくもない上、②③と同様の「なし崩し的拡大の危険」も否定できな
い。

　そこで、とるべき解釈論の方向性としては、２つのものが考えられる。１
つは、従来の判例の処理を受け入れた上で、その「なし崩し的拡大の危険」
を最小限度に抑えるような解釈上の工夫を積み重ねるというものである。も
しこの方向性を選択するなら、遡及効否定に対する「例外」あるいは胎児認
知に準ずる措置を認めるための「特段の事情」の拡大は厳に慎むべきであ
り、本件についても、（親子関係の不存在を確定する手続が子の出生後遅滞なく執ら
れたとの要件について、）法廷意見よりはむしろ横尾反対意見の説くところに分
があるように思われる。

　しかし、より根本的な解決は、「例外」や「特段の事情」に依存しない明
確なルールを、解釈論の制約の中で可能な限り定立することであるように思
われる。そこで以下では、そもそも国籍法の解釈において認知の遡及効を認
めることの是非という観点から検討を加え、ささやかな私見を提示すること
にしたい。

3　認知の遡及効と国籍法３条の合憲性（私見の提示）

　そもそも、認知の遡及効を認めることを阻んでいる実定法上の根拠は何
か。ここでは、国籍法２条１号及び３条が憲法14条に反するとして争われた
最高裁2002年11月22日判決[21]の判旨が参考になる。そこでは、まず２条１号の
合憲性を検討し、国籍の安定性の要請から国籍法が認知の遡及効を認めない
のは合理的根拠があるとして合憲判断をした後で、３条については、「仮に
法３条の規定の全部又は一部が違憲無効であるとしても、日本国籍の生来的
な取得を主張するＸの請求が基礎づけられるものではない」として違憲の

---

(19)　佐藤・前掲注５・134頁。
(20)　横尾裁判官の反対意見もそのように指摘している。
(21)　判例時報1808号（2003）55頁。

主張を退けている。しかし、２条１号自体が明文で認知の遡及効を否定しているわけではない以上、やはり３条の合憲性如何により日本国籍の生来的取得の主張が基礎づけられ得るものと解すべきである。

そこで、国籍法３条の違憲性につき検討する。同条は、①父の認知、②父母の婚姻、③国籍取得の届出を要件として、④遡及効のない国籍取得を認める規定であるが、まず①について考えると、未成年者に対する生後認知は父の一方的意思表示によるものであり、子の国籍取得につき母子の意思を無視している点で憲法14条違反の疑いが濃い。ただ、そこに③の要件から遡及効の問題を切り離したものを付け加え、国籍取得に対する母ないし子の承諾要件として機能させれば、かかる違憲状態は解消できるように思われる。他方、②は、父母の婚姻という、子にとっては如何ともし難い事情により子の国籍取得が左右されるのは合理的区別とは言えないので、憲法14条違反であると考える。最後に④は、認知の遡及効の全面否定が婚外子の地位を不安定にする点で保護の理念に抵触している点、そして他者との利益衡量は相対的構成により対応可能である点を考えると、婚外子に対する不当な差別であり、憲法14条・24条違反であると考える。

つまり私見としては、国籍法の合憲解釈により、「任意認知」と「届出」を停止条件とする「遡及効ある日本国籍取得」を認めるべきものと解する。そして、婚内子・胎児認知・裁判認知は２条１号、生後の任意認知は３条というふうに、日本国籍取得のための根拠条文を使い分けることになる。

---

(22) 民法784条ただし書参照。
(23) なお、民法127条３項参照。

第1章　渉外戸籍・国籍法編　*129*

7. 国籍法2条3号の「父母がともに知れないとき」の意義

横浜家裁2003年9月18日審判

家裁月報56巻3号68頁

〔事　実〕

　X（申立人）は、1994年3月29日、東京都立川市内の病院で出生し、翌年4月4日には、父の名前をA、母の名前をBとして、福島県を本籍地とする筆頭者Aの戸籍に長男として入籍する旨の戸籍記載がなされた。

　Xが入籍した戸籍中、Aの身分事項欄（戸籍簿で家族関係等を記載する欄）には、1992年1月24日にフィリピン共和国国籍のB（1967年5月17日生）と同国の方式により婚姻した旨、及び、1995年10月4日に同じBと離婚の調停が成立し、Xについて同日親権者を母と定める旨の記載がある。また、同戸籍中には、Aを父、Bを母とする二女C（1995年9月28日生）の入籍記載があり、その身分事項欄には、1995年9月28日に東京都福生市で出生、同年10月3日母届出、同月8日東京都立川市長から送付入籍、との記載がある。そして、X自身の身分事項欄には、1994年3月29日東京都立川市で出生、同月31日母届出、同年4月4日同市長から送付入籍との記載がある。

　その後、1995年11月1日、嫡出子否認（筆者注・婚内子であることを否認する手続）の裁判が確定し、その旨を1996年1月9日にAが申請し、それが同月13日に埼玉県所沢市長から送付されたことにより、Xの戸籍の記載全部が抹消された。その結果、Xは日本国の戸籍から抹消されたまま、現在に至っている。なお、次女Cについても同様に、その戸籍記載事項のすべてが抹消されている。

　ところで、Bと名乗る女性はフィリピン共和国発行のパスポートを所持していたものと思われ、(1)それに基づいて所沢市内で外国人登録を行ったものと思われるが、現在同市ではBの該当者が見当たらず、外国人登録原票記載

（1）　ただ、Aとの調停離婚の際、その代理人弁護士にこのパスポートは偽造であると告げており、Bの国籍や本名は結局確認されてはいない。

130　第2部　判例研究

事項証明書の発行はできない状態である。また、Ｘがフィリピン共和国の国籍を取得するためには、Ｂが実在し、かつ、フィリピン共和国国籍であることが確認される必要があり、Ｂのパスポート又は出生証明書がないと、在日フィリピン大使館ではＸにフィリピン国籍を取得させることはできない。

　Ｂは1995年11月15日に日本を出国する手続を行ったが、その後の消息は不明とのことである。

　以上の経緯の下で、Ｘが就籍の許可を申し立てたのが本件である。

〔判　旨〕

　申立て認容（確定）

「以上の事実によると、Ｘの実母は、Ｂと名乗る女性であると認められるが、同女がフィリピン共和国の国籍で正規のパスポートを所持していたかは確認できず、かつ、正規でないと疑われる状況も確認されており、同女がフィリピン共和国人であるかは確認することができない。また、その実父は、その経緯に照らし、日本人であることが強く推測されるが、これも確認することはできない。また、Ｘについては、実母がフィリピン共和国の国籍であることが確認できないため、フィリピン共和国の国籍を取得することもできない。その結果として、Ｘは、日本国において生活する以外に生きていく方法がない。以上の事実を総合すると、Ｘは、日本で出生し、国籍法2条3号の「父母がともに知れないとき」に該当すると認められ」る。

〔研　究〕（2）

　本審判は、フィリピン人とみられる女性から日本国内で生まれた父不明の子について、国籍法2条3号の規定を適用して日本国籍を認め、よって戸籍への就籍を認めたものである。国籍法2条3号の解釈に関する従来の裁判例(3)

（2）　本件については主に以下の文献を参照した。①奥田安弘『家族と国籍［補訂版］』（有斐閣・2003）、②山田鐐一他『わかりやすい国籍法［第3版］』（有斐閣・1999）、③江川英文他『国籍法［第3版］』（有斐閣・1997）、④木棚照一『逐条註解国籍法』（日本加除出版・2003）、⑤日本加除出版株式会社出版部編『全訂　国籍と渉外戸籍』（日本加除出版・1991）、⑥澤木敬郎他編『国際私法の争点［新版］』（有斐閣・1996）、⑦櫻田嘉章他編『国際私法判例百選』（有斐閣・2004）。

の方向性を踏襲したという意味では、事例判例の１つと見ることもできるが、ある点（後述「３」を参照）においては、今後の国籍法解釈に一石を投じる側面もあるように思われる。以下では、主に国籍法２条３号の解釈をめぐって、本審判につき検討を加えることとする。

１　国籍法２条３号の立法趣旨

　出生による国籍取得の要件に関する主な考え方としては、血縁関係を重視する血統主義と、出生地を重視する生地主義とがある。[(4)]日本国憲法10条の規定を受けて制定・施行されている国籍法２条は、日本国籍付与の根本原則として血統主義を採用し、しかも1984年の法改正以後は、父母両系血統主義を採用している。[(5)]

　しかし、もし純粋な血統主義をとると、棄児のような両親の身元がわからない場合や、両親が目の前にいても２人とも無国籍者であるような場合には、血統主義に基づいて子に日本国籍を付与することは事実上できず、その子は無国籍ということになってしまう。そこで、例外的に生地主義を取り入れたのが国籍法２条３号であり、[(6)]簡易帰化に関する国籍法８条４号[(7)]と相俟って、無国籍者発生の防止を意図したものである。無国籍防止の理念は、市民的及び政治的権利に関する国際規約（国際人権規約Ｂ規約）24条３項や児童の権利に関する条約７条１項[(8)]といった国際人権諸条約でも表明されており、日本国憲法98条２項に照らせば、わが国においても立法や法解釈において特に重視すべき理念であると言えよう。

　ただ、ここで問題なのは、無国籍防止の理念は、それだけが単独で存在しているのではなく、やはり国籍立法における重要な要請である重国籍防止の理念と併存し、時として両者は衝突するという点である。[(9)]そこで、無国籍防

（３）　いわゆる「アンデレ事件」に関する東京地裁1993年２月26日判決、東京高裁1994年１月26日判決及び最高裁1995年１月27日判決。なお、それらについては、前掲注２⑦及びそこで紹介されている諸文献を参照されたい。
（４）　前掲注１③・59頁、同④・106頁など参照。
（５）　両親の何れかが日本国民であればその子も日本国民とする、という考え方。
（６）　前掲注１①・44頁。
（７）　1984年改正の際に帰化要件を緩和したものである。前掲注１④・186頁。
（８）　日本は何れの条約も批准している。
（９）　例えば、無国籍防止のため父母両系血統主義をとる国が増えると、そのような国の国民を両親に持った子は二重国籍となる蓋然性が高い。

132　第 2 部　判例研究

止の理念と重国籍防止の理念との相互関係をどう考えればよいのか、という重大な問題が生じることになる。国籍立法が各国の国家管轄権に委ねられている現状からする限り、無国籍防止といっても自ずから限界があることは否定できない。実際、すべての子の国籍保持権を規定する児童の権利条約 7 条 1 項にしても、その文言上、無条件の生地主義を採用することまでを締約国に求めているわけではない。わが国の国籍法について見てみても、1984年の国籍法改正の過程で、「日本で出生し、日本国籍を取得できなければ無国籍となるべき子のすべてに日本国籍を取得させるべきだ」との主張もなされたが、かかる議論に対しては消極論が多かったようである。それらを前提として考える限り、わが国籍法の解釈論のレベルにおいても、無国籍防止の観点から生地主義による日本国籍の取得を認める場合、それはあくまで重国籍防止との兼ね合いの範囲内で、あるいは、 2 条 3 号の文言解釈に無理を来たさない範囲内で、ということにせざるを得ないであろう。

　しかし、児童の権利条約 7 条等に表現されている無国籍防止の理念は、子の福祉という根本的な理念を具体化したものであるのに対して、重国籍防止の理念は、重国籍から生ずる実際上の不都合（兵役義務の衝突など）を回避するためのものであり、無国籍防止の理念は重国籍防止の理念よりも上位のものと考えるべきであるように筆者には思われる。国籍法の解釈としても、重国籍防止を意識する余り、生地主義による日本国籍の付与について過度の謙抑主義をとることは適切でないように思われる(10)。

2　「父母がともに知れないとき、又は国籍を有しないとき」の意味

　国籍法 2 条 3 号は、日本国内で生まれた子に日本国籍を認めることができるのは「父母がともに知れないとき」または「（父母が）国籍を有しないとき」の 2 つの場合であると定めている。本稿ではそのうち前半を検討対象とするものであるが、その前に一応前者と後者との関係につき確認しておきたい。文言上、同号の規定は、父母が両方とも不明であるか、または父母が両方とも無国籍であることを要求しているように読め、学説にもそのような読み方を前提とするものがある(11)。しかし、同号の立法趣旨が無国籍防止にある

---

(10)　前掲注 1 ④・207頁以下参照。
(11)　前掲注 1 ③・83頁、同④・212頁、同⑤・30頁。

第1章　渉外戸籍・国籍法編　　*133*

ことを考えると、そのような解釈はいささか形式主義に傾きすぎており、む
しろ、父母が何れも「不明または無国籍」のいずれかに該当すれば同号の要
件そのものを満たす（父が不明で母が無国籍の場合や、父が無国籍で母が不明の場合
にも、同号の規定を類推適用ではなく直接適用することができる）ものと解すべきで
ある。

3　「父母がともに知れないとき」の意味

　国籍法2条3号にいう「父母がともに知れないとき」の意味について、多
くの学説は、「父母を事実上特定できない場合」または「父母を事実上特定
できるが法的親子関係がない場合」を指すものとしている。[12] 確かに、無国籍
の防止という国籍法2条3号の趣旨と同号の文言とのバランスという観点か
らすれば、そのような解釈が無難であるように思われなくもない。しかし、
「事実上の確定」という要件が、実際の訴訟の場において、特に、前述のア
ンデレ事件の事案のように、子の出生後に母が身元に関する不十分な資料を
残して姿を消したような場合においては、何をもって母が「特定」している
と評価すべきなのか、という点をめぐって、無用の混乱や困難をもたらして
いることを想起すべきであるように思われる。[13] また、既に述べたように、児
童の権利に関する条約7条の趣旨等に鑑みると、国籍法の解釈においても、
解釈上の特段の支障がない限り、無国籍防止の理念を法解釈の中に最大限織
り込むべきである。そのためには、父母の「事実上の特定」にこだわるので
はなく、むしろ端的に、「父母の国籍の確定」、即ち、「子が父母と同じ国籍
を取得することができるために必要な程度に（法律上の）父母の国籍が確定
されているか否か」という点に焦点をあわせるべきではなかろうか。しか
も、それを「親の側の事情」としてとらえるのではなく、子の側の事情とし
て組み込んでいく必要があるように思われる。

　この点で本審判は、Xの実母がフィリピン共和国の国籍を有することが
確認できないため、Xがフィリピン共和国の国籍を取得することができず、
その結果として、Xが日本で生活する以外に生きていく方法がないという
点をわざわざ理由中で明示していることが注目に値する。[14] これは、既に紹介

---

(12)　前掲注1②・19頁、同③・79頁。
(13)　同事件に関する東京高裁判決と東京地裁判決とを対比せよ。

134　第2部　判例研究

したアンデレ事件に関する東京地裁および最高裁の判決が採用した立場を踏まえて、「日本で生まれた子が外国籍を取得できないときは日本国籍を与える」という方向へ解釈論レベルでさらに一歩踏み出したものと評価することができるように思われる。

　さて、そのように解釈する場合における「解釈上の特段の支障」として考えられるのは、重国籍増加のリスクであろう。そこで、そのリスクを最小限度に抑えることができるような解釈を工夫すべきである。その意味で、国籍法2条3号による日本国籍の付与は、父母が無国籍であることが確定された場合を除いて暫定的なものであって、子の出生時に外国国籍の父母が実在し、かつそれと同じ国籍をその子が取得できることが判明した場合には、子は出生時に遡って日本国籍を失うと考えれば、そのような場合における重国籍の発生ないしそこからもたらされる弊害は防止することができる。なお、子の出生後に外国人たる父から認知された場合については、日本国籍を失うとする説と失わないとする説が対立している。これはかなり微妙な問題ではあるが、国際法上の無国籍防止の要請を重く受け止める立場から、とりあえず後者の立場を支持したい。

4　その他

　なお、本稿では、「父母が知れない」という事実に関する立証責任の問題や、就籍許可の効力（国籍確認訴訟との関係）の問題については検討を割愛した。

---

(14)　これはまさに子の側に視点を置いた表現である。

(15)　ただしその効果は相対的である。

(16)　前掲注1③・81〜82頁参照。

(17)　前掲注1④・211頁。

(18)　前掲注1①・29頁、同③81頁。

(19)　前者については前掲注1①・54頁以下、同②・79頁、同④・191頁以下、同⑥・265頁、同⑦・213頁など、後者については前掲注1①・47頁以下、同③・50頁以下、同④・75頁などを参照されたい。

第1章　渉外戸籍・国籍法編　　*135*

8．新国籍法施行後平和条約発効前に朝鮮人男性により認知された者の日本国籍

最高裁第1小法廷2004年7月8日判決
民集58巻5号1328頁、判例時報1870号3頁、判例タイムズ1163号107頁

〔事　実〕

X（原告・控訴人・被上告人）は、1945年8月14日、朝鮮慶尚南道に本籍を有する朝鮮人男性訴外Aを父とし、埼玉県に本籍を有する内地人女性訴外Bを母とする婚外子として出生し、日本人母の子として日本国籍を取得した。その後、Aは同年9月8日にXを認知した。本件は、以上の状況のもとでXがY（国、被告・被控訴人・上告人）を相手どって日本国籍の確認を求めた事案である。

共通法3条によれば、朝鮮人である父に認知された内地人は父の家に入る（朝鮮戸籍に入籍する）と同時に内地の家を去る（内地戸籍を除籍される）ものとされていた。これは、朝鮮人に認知された子が朝鮮人としての法的地位を得ることを意味していた。そして、従来の判例・通説（下記〈解説〉を参照）によれば、この扱いは日本国との平和条約（以下「平和条約」とする）発効（1952年4月28日）まで続けられ、同条約発効時点で朝鮮人としての法的地位を有していた者(1)は、朝鮮国籍を取得して日本国籍を喪失するものと解されていた。

これに対してX側は、1950年7月1日に施行された新国籍法（昭和25年法律147号）のもとで出された「昭和25年（大村注・1950年）12月6日付法務府民事局民事甲3069号各法務局長各地方法務局長あて法務府民事局長通達」（以下「3069号通達」とする）により、同日以降は朝鮮と内地の間で認知がなされても子の戸籍が変動しないとされたことから、Xは朝鮮戸籍に入籍すべき者には該当せず、平和条約の発効により日本国籍を喪失しないと主張した。1審

（1）　朝鮮戸籍に入籍すべき事由の生じていた者を含む。

136　第2部　判例研究

判決[(2)]は、新国籍法の施行や3069号通達は本件戸籍の変動に影響を及ぼすものではないとして X の主張を退けたが、控訴審判決[(3)]は X の主張を認め、3069号通達の後に認知された子だけでなく、新国籍法の施行後3069号通達前に朝鮮人父に認知された内地人母の子も朝鮮戸籍に入るべき者には該当せず、平和条約の発効によって日本国籍を喪失しないと判示した。これを不服とする Y からの上告に答えたのが本判決である。

〔判　旨〕

上告棄却。

「旧国籍法23条本文は『日本人タル子カ認知ニ因リテ外国ノ国籍ヲ取得シタルトキハ日本ノ国籍ヲ失フ』と規定していたところ、1950年7月1日施行の国籍法は、自己の意思に基づかない身分行為（筆者注・家族法上の法律行為、以下同じ）によって日本国籍を失うという法制は採用せず、旧国籍法23条の規定も廃止した。地域籍の得喪が、旧国籍法の前記規定に準じて定められていたことに照らすと、上記のような法制の変動の結果、上記の国籍法施行日以降においてされた親の一方的な意思表示による認知は、もはや地域籍の得喪の原因とはならなくなったものというほかはなく、朝鮮人父によって認知された子を内地戸籍から除籍する理由はなくなったものというべきである。

1950年12月6日付け法務府民事局長通達『朝鮮又は内地間における父子の認知について』は、『標記の件に関する従前の内地における戸籍の取扱については、旧国籍法第5条第3号、同法第23条、戸籍法第22条及び同法第23条の各規定の精神に則り、内地人男が朝鮮、台湾に本籍を有する女の出生した子を認知した場合は、子は内地に新戸籍を編製し、また、朝鮮、台湾に本籍を有する男が内地人女の出生した子を認知した場合は、子は内地の戸籍から除くこととされていた。右戸籍の取扱は、今後はこれを改め、前記各場合の認知によっては子の戸籍に変動を生じないこととした。』と定めているが、これは、前記の説示と同じ趣旨の下に、地域籍についても、朝鮮又は台湾と内地間における父子の認知に関する従前の取扱いを新しく施行された国籍法

（2）　大阪地裁1999年2月24日判決、判例タイムズ1019号134頁。
（3）　大阪高裁2000年1月28日判決、訟務月報48巻8号1922頁。

第1章　渉外戸籍・国籍法編　*137*

の趣旨に準じた取扱いに改めたものである。そうすると、上記民事局長通達の取扱いを、同通達発出日の1950年12月6日以降の認知に限定する理由はなく、前記説示のように、国籍法施行の同年7月1日以降の認知についても、同様の取扱いを行うべきである。」

「以上のとおり、国籍法施行後に朝鮮人父から認知された子は、内地の戸籍から除籍される理由がないから、平和条約の発効によっても日本国籍を失うことはない」。

〔研　究〕[(4)]

1　本件の背景事情

（1）　戦前の朝鮮人の国籍

第2次世界大戦前の朝鮮は、台湾や関東州などとともに日本の旧領域の一部である「外地」を構成していた。外地に属する者（外地人）のうち、朝鮮、台湾などに属する者は、関東州の先住民などとは異なり、日本国籍を有する日本国民（臣民）であった[(5)]。

（2）　戦前の朝鮮戸籍と内地戸籍

1910年のいわゆる日韓「併合」の後、日本は1922年に朝鮮民事令11条を改正して戸籍に関する規定（11条の2～11条の9）を新設するとともに、従来の民籍法（1909年公布）に代わって朝鮮戸籍令を制定した（1923年施行）。その結果、それまで民籍に登録されていた人々は朝鮮戸籍に登載されることとなった。他方、内地に本籍を有する者は戸籍法の適用を受け、内地戸籍に登載された[(6)]。

日本の外地に対する統治政策上、内地人は内地の、朝鮮人は朝鮮の民族社会に属するものとされていたが、この「民族社会」を戸籍制度上に持ち込ん

（4）　本件については、主として以下の文献を参照した。①高佐智美・法令解説資料総覧274号（2004）99頁、②田代有嗣監修・髙妻新著『改訂　体系・戸籍用語事典』（日本加除出版・2001）、③崔學圭『改正　韓国戸籍法』（テイハン・1992）、④江川英文他『国籍法［第3版］』（有斐閣・1997）、⑤木棚照一『逐条註解国籍法』（日本加除出版・2003）、⑥池原季雄他編『渉外判例百選［第3版］』（有斐閣・1995）252頁（溜池良夫）、⑦澤木敬郎他編『国際私法の争点［新版］』（有斐閣・1996）262頁（石黒一憲）。

（5）　以上につき、髙妻・前掲注4②・42頁以下、江川他・前掲注4④・201頁以下。

（6）　髙妻・前掲注4②・42頁以下、崔・前掲注4③・2頁。

138 第2部 判例研究

だのが「地域籍」の概念である。すなわち、内地人は内地戸籍に、朝鮮人は朝鮮戸籍にそれぞれ登載され[7]、内地人が朝鮮に、朝鮮人が内地に本籍を定めることは許されなかった（本籍ないし地域籍転属不自由の原則）。ただし、その例外が家族法上の身分行為による地域籍の変動であった。すなわち、内地人と朝鮮人との間で婚姻、離婚、認知、養子縁組、養子離縁などの行為が行われた場合には、内地人間での身分行為の場合における戸籍の変動と同じように、地域籍の変動が認められていたのである。このような内外地間の戸籍（家）の変動について定めていたのが共通法3条であり、内地人が婚姻や認知等によって朝鮮戸籍に入籍した場合には内地戸籍から除籍され、法律上は朝鮮戸籍令の適用を受ける朝鮮人になるものとされていた[8]。

（3） 第2次世界大戦敗戦後の状況と朝鮮人の国籍変動

1945年8月14日に連合国によるポツダム宣言を受諾し、9月2日に連合国との降伏文書に署名した日本は、1951年9月8日に連合国との間で平和条約を締結し[9]、その効力は1952年4月28日に生じた。同条約2条 (a) 項によれば、日本は朝鮮の独立を承認し、朝鮮に対するすべての権利、権原及び請求権を放棄することとされた。つまり、この規定により日本は朝鮮に対する主権を放棄したわけである。となれば、これに関連して、朝鮮の独立により日本国籍を喪失すべき者の範囲を決定する必要があるわけだが、平和条約ではその点は何も規定されなかった[10]。では、この場合の国籍変更（日本国籍の喪失）は何を基準にして決めるべきであろうか。

1952年4月19日民事甲438号法務府民事局長通達「平和条約発効に伴う朝鮮人、台湾人等に関する国籍及び戸籍事務の処理について」は、この点につき以下のように定めた。「（2）もと朝鮮人……であった者でも、条約の発効前に内地人との婚姻、縁組等の身分行為により内地の戸籍に入籍すべき事由の生じたものは、内地人であって、条約発効後も何らの手続を要することな

（7） 民法の側から見れば、内地人は内地の「家」に、朝鮮人は朝鮮の「家」に各々属する。

（8） 以上につき、髙妻・前掲注4②・48頁以下、江川他・前掲注4④・200頁以下、高佐・前掲注4①・100頁。

（9） それに先立つ1947年5月3日には日本国憲法が施行され、また1950年7月1日には新国籍法が施行されている。

（10） 江川他・前掲注4④・203頁以下、木棚・前掲注4⑤・80頁。

第1章　渉外戸籍・国籍法編　　*139*

く、引き続き日本の国籍を保有する」。「（3）もと内地人であった者でも、条約の発効前に朝鮮人……との婚姻、養子縁組等の身分行為により内地の戸籍から除籍せらるべき事由の生じたものは、朝鮮人……であって、条約発効とともに日本の国籍を喪失する」。要するに、平和条約発効日の時点で地域籍の変動原因が生じていた場合には国籍変動を認めるということになる。他方、下級審裁判例はこの点につき見解が分かれていたが、その後の最高裁判決[11]は上記通達と同様の立場を採用した[12][13]。この通達・判例の立場は多数の学説によって支持されたものの、異論もある[14]。加えて、終戦後平和条約発効前に朝鮮人と婚姻した内地人女性について日本国籍を喪失させるべきか否か、また、平和条約発効前に朝鮮人男性に認知された日本人未成年者について日本国籍を喪失させるべきか否か、という点については、依然として議論の余地があった。

2　本件の意義

（1）　本件の位置づけ

本件は、新国籍法の施行（1950年7月1日）以後に朝鮮人父から認知された子が平和条約の施行により日本国籍を失うか否か、という点が争われたケースである。従来の判例の多くが婚姻に基づく国籍変動の事例を扱ったものであるのに対し、本件は認知に基づく国籍変動が問われた事例であり、また、従来の判例は新国籍法施行前に婚姻や認知をしていたケースだったのに対し、本件は新国籍法施行後になされた認知に基づく国籍変動が問われた事例であるという点で特色がある[15]。また、本件と同様、終戦後平和条約発効前に朝鮮人父から認知された内地人母の子が平和条約発効により日本国籍を失うか否か、という点を扱った最高裁判決[16]が、子は平和条約発効により日本国籍を失ったものと判断したのに対して、本件ではその先例を覆した点が注目さ

---

(11)　江川他・前掲注4④・225頁以下の注（8）。

(12)　最大判昭36・4・5民集15巻4号657頁、最二小判昭40・6・4民集19巻4号898頁。

(13)　江川他・前掲注4④。

(14)　江川他・前掲注4④・214頁、同217頁以下。

(15)　1948年6月。新国籍法施行前という点では本件と異なる。

(16)　最高裁第1小法廷1998年3月12日判決、民集52巻2号342頁。

140 第 2 部　判例研究

れる。

（2）　論点の分析

本判決をめぐる論点は、平和条約の締結・発効に伴って①日本国籍を喪失する朝鮮人の人的範囲と、②朝鮮人が日本国籍を喪失する時期の 2 点である。[17]

まず①について。いわゆる日本統治時代を通じて、朝鮮人は内地人とは別個の民族集団としての性格を維持し、それは共通法秩序によっても根拠づけられていたのであるから、一貫してその民族集団に属していた人々については、日本からの分離独立に伴い、その実態に応じて、日本国籍の喪失や朝鮮（に樹立されるべき新国家の）国籍の付与、国籍選択権の付与などを検討すべきであろう。かかる措置は本来、条約により関係国との協力の下に行うべきものであるが、朝鮮が平和条約の当事国とならず、また朝鮮半島が 2 つの国家に分裂する等、当時の状況を勘案すると、当時の日本が、基本的には民族集団としての朝鮮人の登録簿である朝鮮戸籍を基準として、国内的措置により朝鮮人の国籍問題を処理しようとしたのは、基本的にはやむを得ない選択であったように思う。[18]

次に②について。共通法秩序の下で朝鮮人・内地人間に何らかの身分関係を生じた場合、民族的には朝鮮人でない者が朝鮮人としての法的地位を取得することになる。そこで、いつの時点までにかかる法的地位を取得した者が日本国籍を喪失するのかという問題が生じる。この点に関する学説は多岐にわたるが、[19] 結局、日本の敗戦から平和条約発効に至る様々な国内的・国際的事情のうち、いかなる事情にどの程度のウェイトを置いて考えるかという、極めて微妙かつ困難な問題であるように思われる。そこで考えるに、日本国憲法（1947 年 5 月 3 日施行）およびそれと同時に施行された「日本国憲法の施行に伴う民法の応急的措置に関する法律」を重視し、かつ、同法 10 条の規定により戸籍法・国籍法上の家制度に関する規定も適用根拠を失ったものと解する立場からは、家の変動に基づく国籍変動も同日以降はこれを否定すべき

---

(17)　最高裁大法廷1961年 4 月 5 日判決に関する溜池・前掲注 4 ⑥・253頁。
(18)　石黒・前掲注 4 ⑦・263頁、江川他・前掲 4 ④・211頁、同214頁。
(19)　江川他・前掲注 4 ④・216頁以下、石黒・前掲注 4 ⑦・262頁以下。

ようにも思われる⁽²⁰⁾。しかし他方で、法的安定性確保の観点からすれば、従来大方の支持を得てきた通達・判例の立場を無視することにも若干の抵抗がある。筆者としては、日本国憲法施行時を基準とする考え方を基本としながらも⁽²¹⁾、日本国憲法施行から平和条約発効までの間に朝鮮人と婚姻若しくは養子縁組をし、または朝鮮人に認知された者については、立法の不備による司法上の救済措置として、例外的に事実上の国籍選択を認めるような解釈論を工夫することができないか、検討すべきであるように思う。

---

(20)　その限りで高佐・前掲注 4 ①・101頁と同旨。

(21)　平和条約発効時を基準時点とする立場を指す。

142 第 2 部　判例研究

9．同性婚の無効と戸籍訂正──フィリピン人事件──

佐賀家裁1999年 1 月 7 日審判
家裁月報51巻 6 号71頁

〔事　実〕

　日本人男性 X は、1995年頃、福岡市内のいわゆるフィリピンパブで働い
ていたフィリピン国籍の A と知り合い、まもなく親密な交際を始めて、性
行為類似の関係も持つようになった。A が親身に X の身の回りの世話をし、
また X に求婚したことから、X と A は1996年 1 月 8 日にフィリピン国内で
A の両親立会いのもと同国の方式により婚姻した。そして、その報告的届
出を同月12日に X の本籍地町役場で行い、その結果 X の本籍地に新戸籍が
編製された。

　X は婚姻後、A と同居していたが、1997年 4 月中旬ころ、A の入国査証の
更新のため福岡入国管理局に A とともに赴いたところ、同局の職員から、
A が偽造旅券を使って日本に入国したこと、また真正の旅券では A は男性
となっていることを告げられた。[1]

　その後、本籍地町役場から X に対して、1997年 6 月 6 日付けで A との婚
姻届出が不法である旨の戸籍法24条 1 項による通知がなされ、X は同年 9
月17日に本件戸籍訂正の申立をした。これが本件である。なお、A は同年
8 月末ころ、福岡入国管理局職員によって身柄を拘束され、まもなくフィリ
ピンへ強制送還された。

〔判旨〕

　婚姻の実質的成立要件は、法例13条 1 項により各当事者の本国法によると
ころ、X の本国法である日本法によれば、男性同士ないし女性同士の同性
婚は、男女間における婚姻的共同生活に入る意思、すなわち婚姻意思を欠く

（ 1 ）　後に A 本人も入国管理局の事情聴取に際して自ら男性であることを認めている。

第1章　渉外戸籍・国籍法編　　*143*

無効なものと解すべきであり、Ｘと婚姻したＡの本国法であるフィリピン家族法によれば婚姻の合意を欠き無効になるものと解される。前記認定事実によれば、Ｘの戸籍中、前記婚姻事項は、Ａの偽造旅券に基づいて作成されたフィリピン国の婚姻証書の提出により記載されたものであること、したがって、前記の報告的婚姻届出により、戸籍に錯誤ないし法律上許されない戸籍記載がされたことが明らかである。

　そして、このように、明らかに錯誤ないし法律上許されない戸籍記載がされている場合、それが重大な身分事項（筆者注・家族関係に関わる事項）に関するものであっても、その真実の身分関係（筆者注・家族関係、以下同じ）につき当事者間において明白で争いがなく、これを裏付ける客観的な証拠があるときは、ことさらその真実の身分関係について確定判決を経るまでもなく、直ちに戸籍法113条にしたがい戸籍の訂正をすることができるものと解するのが相当である。」

〔研　究〕

1　はじめに

　本審判は、日本人男性と外国で婚姻したフィリピン人が男性であることを理由に、日本法・フィリピン法に照らして当該婚姻を無効と判断し、当該婚姻に基づいてなされた日本人男性の戸籍について、婚姻無効に関する確定判決を経ることなく、戸籍法113条に従って訂正することができるとして、当該婚姻に基づく記載事項の抹消を許可したものである。筆者の知る限り、わが国で同性婚の効力について（争点になったとまでは言えなくても）正面から判断した裁判例は本件以前には見当たらず、その意味で、本件は貴重な裁判例であると言える。

2　本審判の判示事項と疑問点

　本審判の判示事項は、（ⅰ）同性者間の婚姻の有効性、（ⅱ）戸籍訂正許可に関する戸籍法上の規定の適用関係、の2点である。本審判自体は、（ⅰ）についても（ⅱ）についても、特に詳細な議論を展開することなく淡々と、法の適用に関する通則法24条1項および戸籍法113条を適用して訂正許可の結論を出している。これに対して、本審判に関する評釈3件[2]を見ると、いず

144 第2部 判例研究

れも（ⅱ）を中心的な論点として取り上げており、それについては比較的詳細な検討を加えている。しかし、（ⅰ）については何も検討しないか、あるいはせいぜい、法の適用に関する通則法24条1項を適用した帰結として確認する程度に過ぎない。

しかし、大島俊之教授も指摘されているように、本件の事実関係には曖昧な点がある。すなわち、Ｘと婚姻したＡは、Ｘと「フィリピンパブ」で「知り合い」、「親密に交際」し、「性行為類似の関係も持つようになった」、また、ＡはＸの「身の回りの世話をし」、ついにはＸに「求婚」して「フィリピン国の方式で婚姻」し、わが国で「同居」していた、と判示されているが、これは、ＸがＡを女性と認識して行ったことなのか、それとも男性であることを承知の上で行ったことなのか、という点が本審判では明確にされていない。この点は、Ｘの婚姻意思を考える際に考慮すべき要素となり得る。

また、Ａの真正の旅券ではＡは男性とされており、Ａ本人も自らが男性であることを認めた、とあるが、Ａの性別について、わが国の「性同一性障害者の性別の取扱の特例に関する法律」のような取扱が認められているか否か、そしてＡがその要件をどの程度満たしているか、といった点も全く不明のままである。

本件の事実関係については、筆者としても確認する手段を持ち合わせておらず、疑問を提示するにとどめるほかないが、フィリピン法における性別変更については、今後の検討課題として意識しておきたい。

以下では、本審判をきっかけとして、性別変更及び同性婚に関する国際私法上の若干の問題点について検討してみたい。

3　性の二分法と性別変更・同性婚

ジョン・マネーが『性の署名』（人文書院・1979）の「日本版への序文」で

（2）　村重慶一・戸籍時報511号（2000）48頁、澤田省三・戸籍701号（2000）34頁、種村好子・判例タイムズ1036号（2000）173頁。

（3）　大島俊之『性同一性障害と法（神戸学院大学法学研究叢書11）』（日本評論社・2002）266頁以下。

（4）　要件を満たしており、正式な性別変更が行われているのに、その事実が旅券に反映されていない可能性はないのか。

述べているように、「性の在り方とは人の数だけある」。しかし、おおよそいかなる国であっても（少なくとも筆者自身はその例外を知らない）、法制度上、人の性別は女性と男性の２つしか存在しない。そして従来、それは主として外性器や遺伝子の性染色体によって判断され、それらによって明確に判断できない場合に限って、手術等により何れかの性別に帰属させる処理が行われてきた。しかし現在では、性別変更のための手術により外形的な性別を変更し、それにあわせて法律上の性別をも他方に変更できる制度を持つ国が増えつつある。わが国でも、2004年に「性同一性障害者の性別の取扱の特例に関する法律」が施行され、厳格な要件のもとではあるが、法律上の性別を他方に変更することができるようになった。

　他方、婚姻法の分野では、従来、婚姻とは女性と男性との法的結合を意味するものとされ、同性者間の結合は婚姻制度から排除されてきたが、1980年代末以降、一部の国において同性者間の生活共同体を法的に保護する動きが進み、中には従来の婚姻と同様の効果を認める立法例まで現れるようになった。なお、わが国には現在のところ同様の立法はなく、また残念ながら近い将来に成立する見込みもないように思われる。

4　性別変更と国際私法

　このような各国実質法の動きは、国際私法の平面にどのような影響を与え、または与え得るものであろうか。この点を考える場合、最も重要なのは、実質法と抵触法をあわせた各国法が、性別変更や同性婚に対していかなるポリシーを持つか、という点であるように思われる。

　例えばわが国の場合、性別変更については国内実質法ですでにその法的効力を認めているのであるから、準拠外国法が変更後の性に基づく婚姻の効力を認めるのであれば、その結果は基本的にはわが国でも承認されることになろう。しかし、準拠外国法が性別変更の法的効力を否定し、変更後の性に基づく婚姻の成立を否定した場合、わが国で性別変更が認められていることを国際私法上どう評価するのか、という疑問が生じる。

　この点につき、大島・前掲注３・248-264頁によれば、スイスとオーストリアには、準拠外国法が性別変更の法的効力を認めない場合でも性別変更の効力を認めた裁判例がある。その理由としてスイスの裁判例では、人の性別

146　第2部　判例研究

は人格権の構成要素であり、住所地であるスイスの裁判所が管轄を有し住所地法（スイス法）が適用されるから、当事者の本国の態度いかんにかかわらず、スイス法による新しい性の確認を請求することができるとし、オーストリアの裁判例では、タイ国法では性別変更があっても出生証明書の作成時にその事実を考慮することはできないが、そのような結論は欧州人権条約12条に反し、オーストリアの公序に反するので、タイ国法に代わってオーストリア法により性別変更の効果を認めるべきであるとした。スイスの裁判例では準拠法選択の段階での問題として、オーストリアの裁判例では準拠法適用（国際私法上の公序）の段階での問題として処理されているという違いはあるものの、当事者の本国法上否定されている性別変更の効力を、自国法に基づいて肯定したケースとして共通の意義を持つものと言えよう。

　これらの裁判例は、わが国にとってもおおいに参考になる。特に、準拠法国法が性別変更の法的効力を認めない場合に、国際私法上の公序の問題として、性別変更後の性別による婚姻を認めないことはわが国の国際私法上の公序に反する、と判断する素地は、特例法の施行により、すでに出来つつあるように思われる。

5　同性婚と国際私法

　同性婚は、これまで異性間の結合としてのみ認められてきた婚姻制度に異議申し立てをするものであり、そのインパクトは大きい。1980年代末以降、同性婚あるいはそれに部分的に近い法制度が、一部欧米諸国で次第に認められるようになってきた。それらの全体を広い意味での同性婚と呼ぶこともできなくはないが、その効力の幅には国によってかなりの開きがある[5]。よって、その効力を国際私法の側でどのように受け止めるのか、という問題を検討する場合には、各国の制度に関する個別具体的な検討が不可欠となる。

　例えばわが国において、これらの制度を有する外国法が準拠法となった場合、その効力をわが国でも認めるか否か。婚姻は異性間に限る、という従来の立場を前提とする限り、婚姻と同程度の効力を認めるタイプの同性婚[6]（登録パートナーシップ等を除いたもの）については、わが国の公序（法の適用に関する

（5）　杉浦郁子他編著『パートナーシップ・生活と制度』（緑風出版・2007）102頁以下。
（6）　ただし嫡出推定等の点で従来の婚姻とは異なる。

第1章　渉外戸籍・国籍法編　　*147*

通則法42条）に反するとしてその効力を否定するとの見解にもそれなりの理由はあろう。しかし、婚姻の効力のうち一部分のみが認められる登録パートナーシップ制度については、婚姻とは異なる何らかの法律関係（例えば契約関係）としてその効力をわが国でも認める余地は十分にある。さらに、民法上、同性者間の婚姻が必ずしも明文で禁止されているわけではない状況の下で、婚姻は本当に異性間に限られるのか、その根拠は何か、という議論の展開次第では、同性婚を内縁ないし事実婚として承認するという考え方も成り立ち得るのであって、[7]そのような議論の蓄積が国際私法上の議論にも影響を与えることを期待したい。

（7）　清水雄大「日本における同姓婚の法解釈〈上〉」法とセクシュアリティ2号（2007）45頁。

第2章　国際家族法編

1．中国法上の養子縁組の特別養子縁組への転換

東京家裁1996年1月26日審判
家裁月報48巻7号72頁

〔事　実〕

申立人 X_1、X_2は、1976年3月に婚姻した夫婦（妻 X_1、夫 X_2）であるが、子供に恵まれないため、特別養子を希望していた。他方、事件本人 A は、1992年1月に中華人民共和国（以下、引用箇所を除いて「中国」という）上海市内で遺棄されているのを保護され、同市児童福利院に収容された。A の実父母は不明である。

X_1、X_2は、かねて友人から「中国は一人っ子政策で孤児が多い」と聞き及び、中国人の孤児を養子に迎え入れる考えを抱いていたところ、1992年4月、前記友人の中国における知人を通じて A を紹介された。そこで X_1が同年6月上海に渡り、児童福利院の許可を得て A を預かり、市内の外国人ホテルで監護を開始し、同月のうちに児童福利院との間で養子縁組協議書を取り交わした上、上海民生局の審査に合格して養子の准予登記（仮登記）を受けた。

しかし、中国司法部から養子縁組の最終条件として、養親となるための日本の公的機関の許可が必要である旨の説明を受けたため、X_1、X_2は1992年9月、A との普通養子縁組許可申立てを当時の X_1、X_2の住所地を管轄する千葉家庭裁判所松戸支部に行い、同月のうちに許可の審判を得た。

同年10月、中国司法部公証司民事処で X_1、X_2と A の養子縁組が公証されたため、X_1、X_2は同月、両者の本籍地で養子縁組届を出し、中国の方式に

第2章　国際家族法編　*149*

よる普通養子縁組として受理された。

　同月、AはX₁に付き添われて来日し、以後、X₁、X₂のもとで養育され、1994年5月には帰化が認められた。そして同年11月、X₁、X₂はAを伴って現住所に転居している。

　以上のような経緯の下で、X₁、X₂は、AをX₁、X₂の特別養子とする申立てを行った。これが本件申立てである。

　なお、X₁、X₂は1995年、普通養子縁組を特別養子縁組とする追完届を出したが、受理伺いの結果、受理すべきでないとされている（同年10月4日付け民2第3959号法務省民事局第2課長回答。以下「本件回答」という。戸籍639号79頁、家月48巻7号157頁）。その理由は、本件回答に付された解説によれば以下の通りである。

　「本件事案では養親がいずれも日本人であるから日本法が準拠法となる」が、「外国の方式により成立した養子縁組……が日本民法……の特別養子縁組の成立要件を備えている……ときは、当該国の方式により日本民法上の特別養子縁組が成立」する。そして、この場合に必要となる「家庭裁判所の審判は、単なる方式ではなく、縁組の実質的成立要件（いわゆる『決定型』の裁判）であるから、外国の公的機関において我が国の家庭裁判所の審判を代行したものと評価できるような実質的判断を伴う形成的な決定（家庭裁判所の審判に相当する公的機関の決定）がされたと認められる場合に限って、日本民法上の特別養子縁組の成立を肯定することができる」。しかし本件では、中国での「養子縁組に関する具体的な手続は、公証手続によって行われており、……中国養子法には公的機関による決定等に関する手続規定は一切なく、中国養子縁組手続法施行前の事案である以上、本件について法的な根拠のある行政機関の決定の存在を認める余地はなく、いずれにしても、本件事案について我が国の家庭裁判所の審判に相当する公的機関の決定の存在を認める余地はない」。

〔**判　旨**〕

認容（確定）。

　1　「中華人民共和国養子縁組法22条2項は、養子と実父母との間の権利

義務関係は養子縁組関係の成立によって消滅する旨規定しており、中国の養子縁組が成立すると、わが国の特別養子縁組と同じ効果を生ずるものである。そのため、中国の方式で養子縁組が成立している以上、同一の効果を生じさせる特別養子縁組を改めて認める実益はないのではないかということが疑問となる。

　しかし、日本人が外国在住の外国人を養子縁組しようとする場合、法例22条によって養子縁組の行為地である当該外国の方式により養子縁組をすることは可能であるが、その養子縁組の効果については、法例20条１項によって養親の本国法である日本民法が適用される。そして、外国方式で成立した養子縁組について養子と実親との関係の断絶という特別養子縁組と同一の効果を認めるためには、当該養子縁組の成立要件が日本民法の特別養子縁組の成立要件を兼ね備えていると認められることを要する。したがって、逆に特別養子縁組の成立要件を充足していると認められない場合には、わが国の法制度上、……普通養子縁組としての効果が認められるにとどまると解するのが相当である。

　そして、本件の場合をみるに、実体的要件については概ねわが国の特別養子縁組の成立要件を充足しているものの、その成立時期が中華人民共和国外国人養子縁組実施手続法が発布施行された1993年……11月10日より以前であることもあって、……中国司法部公証司民事処における公証が日本民法817条の２第１項所定の家庭裁判所の審判に該当するものと直ちに判断することはできないというべきである（本件に関する戸籍実務の取扱い〔評釈者注・本件回答を指す〕もかような見解に基づくものと思われる。）。

　したがって、中国方式で成立した本件養子縁組は、日本国法上はいまだ普通養子縁組の効力しか生じておらず、Ａとその実親との法律関係は断絶していないので、特別養子縁組の審判を行う利益はなお存するものと解するのが相当である」。

　２　「また、Ａが既にＸ₁、Ｘ₂と養子縁組をしておりＸ₁、Ｘ₂のもとで良好な監護を受けているという前記認定の状況下で、民法817条の７所定のいわゆる要保護性が存在するかも一応問題となる。

　しかし、……Ｘ₁、Ｘ₂が中国方式でＡと養子縁組をしたのは、Ａを中国か

第2章　国際家族法編　　*151*

ら出国させて日本に連れて来ること、及びAの日本への帰化を容易にする（国籍法5条、8条2号参照）ことを目的としたものと認められる（Aの帰化申請がされた時期は必ずしも明らかでないが、……普通養子縁組の届出から1年経過後直ちに行われたことが窺える。）。したがって、X₁、X₂の意図は当初から、Aと特別養子縁組をし戸籍上も実子と全く変わらないものにすることにあったと解され、普通養子縁組の成立はその一過程にすぎないともいえるから、本件特別養子縁組の成否については、Aが中国において棄児であったという事情を考慮することが許されると考える。

また、AがX₁、X₂の手厚い監護養育を受けてきたことにより、現在、X₁、X₂との間に実親子と変わらぬ関係が形成されつつあることを併せ考えると、本件特別養子縁組の成立は、Aの監護養育の状況を将来にわたり永続的に安定させるものであって、Aの福祉に合致し、その利益のため特に必要であるというべきである」。

〔研　究〕

本件の解決としては無難かとも思われるが、なお若干の疑問が残る。

1　従来の審判例・戸籍先例と本件の意義

（1）　従来の審判例

一方当事者が中国人である養子縁組については、幾つかの審判例がある。しかし、それらの多くは、中国法以外の法を準拠法としたり[1]、準拠法たる中国法の内容が不明なので条理によるとしたり[2]、近似法から中国法の内容を推定したり[3]したものである。他方、中国法自体の内容を探究したものもある[4]が、中国養子縁組法施行前のため、わずかに同国婚姻法20条に言及する程度であり、本件との関係ではあまり参考にならない。

（2）　従来の戸籍先例

日本人が中国人を養子とする養子縁組届に関する従来の戸籍先例は、わが

（1）　熊本家裁1971年3月1日審判、家裁月報23巻8号57頁。
（2）　京都家裁1975年3月10日審判、家裁月報27巻11号61頁。
（3）　名古屋家裁1983年11月30日審判、家裁月報36巻11号138頁。
（4）　東京家裁1987年3月26日審判、家裁月報40巻10号34頁。

152 第2部 判例研究

国で創設的養子縁組届をする場合の、要件具備証明書の要否をめぐって変遷
をとげてきた。[5] そして、従来の先例では必要とされてきた要件具備証明書が
得られなくても、養子縁組の実質的成立要件が、戸籍、親族関係証明書およ
び公証処が発給する声明書等の添付書類により確認できれば、養子縁組届を
受理して差し支えないとされるに至った。[6] 本件ではその公証処での手続に対
する評価がさらに問われたが、前記1989年の回答に添付された資料は、本件
回答でも参照されており、本件を検討する上で重要な意義を有するものと思
われる。

（3） 本件（本件審判・本件回答）の意義

本件審判は、日本人夫婦が中国人孤児を中国の方式により養子とする縁組
が成立し、日本で普通養子縁組として戸籍に記載された後、当該養子を特別
養子とする縁組の申立てがされた事案について、特別養子縁組の審判を行う
実益および養子の要保護性をいずれも肯定し、特別養子縁組の成立を認めた
ものである。日本人夫婦と中国未成年者との養子縁組の事例は上述のように
従来もあったが、本件は、中国における養子縁組法施行後の事案であり、ま
た中国で養子縁組をしてからわが国で改めて特別養子縁組を申し立てた事案[7]
でもある点で特色がある。さらに、特に本件回答は、中国における養子縁組
手続につきわが国民法の観点から検討を加え、また本件では適用されないも
のの、外国人養子縁組実施手続法に対する評価にも言及している点で、今後[8]
の類似事例との関係で参考となるものと思われる。以下、冒頭に示した疑問
点を中心として、本件審判およびその前提となった本件回答の内容につき検
討する。

2 管轄および準拠法

まず、本件審判につき管轄と準拠法が一応問題となり得るが、何れも特に
疑問はないものと思われる。すなわち、本件では X₁、X₂・A ともにわが国
に住所があるから、わが国の家庭裁判所に管轄があるのは問題ない。また、

（5） この点につき、戸籍553号（2003）53〜54頁を参照。
（6） 1989年7月21日付け法務省民二第二、634号民事局長回答。
（7） 1992年4月1日。
（8） 1993年11月10日施行。訳文は、戸籍時報437号（1994）59頁以下、および現行中華人民共和
　　　国六法（加除式、ぎょうせい・1988年）1172頁以下参照。

第2章　国際家族法編　　*153*

本件申立時には A がすでに帰化しており、X_1、X_2・A 全員の本国法が日本法であるから、養子縁組の実質的成立要件の準拠法は日本法であり（法例20条1項）、また縁組の行為地は日本であるから、方式の準拠法も日本法である（法例22条）。

3　中国での養子縁組について

（1）　中国法上の根拠

本件申立ての前提となる中国での養子縁組は、中国婚姻法20条[9]、同国養子縁組法[10]、同国公証暫行条例[11]および同国弁理公証程序試行細則[12]に基づいて行われたものと思われる。特に成立手続については、公証条例および公証細則による。他方、同国外国人養子縁組実施手続法はまだ未成立であったため、本件では適用される余地がない。なお、生活実用法律手冊413頁[13]は、同国司法部、外交部の「1980年関于外国人収養中国小孩問題的有関規定（外国人が中国の子供を養子とする問題に関する関係規定)」が、中国に一時滞在している外国人にも養子縁組を認める場合があり得るとしているが、現時点では、筆者は同規定の詳細を明らかにすることができない。

（2）　日本国法上の効力─本件回答・本件審判の考え方

本件申立ては、中国で断絶型の養子縁組を行ったにもかかわらず、改めてわが国の家庭裁判所で特別養子縁組の申立てを行ったものである。そこで、本件申立ての受否を決する前提として、中国で行った養子縁組の日本国法上の効力につき検討する必要がある。この点が本件最大の論点と言ってもよいであろう。

この点につき本件回答は、その検討の手順や内容から見て、中国で行った養子縁組の日本国法上の効力をわが国国際私法の観点から考える立場[14]（いわば準拠法アプローチ）をとったものと思われる。この場合、縁組の実質的成立

（9）　1981年1月1日施行。訳文は、戸籍実務六法（日本加除出版・1997）855頁以下参照。

（10）　1992年4月1日施行。訳文は、同上・852頁以下参照。

（11）　1982年4月13日施行。以下「公証条例」という。訳文は、中国基本法令集（日本評論社・1988）102頁以下参照。

（12）　1986年12月4日施行。以下「公証細則」という。筆者の知る限り、訳文は公表されていない。なお原文は、『中華人民共和国行政法規選編』（法律出版社・1990）132頁以下参照。

（13）　上海人民出版社・1987年。

（14）　家裁月報48巻7号158頁以下。

154 第2部 判例研究

要件は養親の本国法たる日本法により、養子側の保護要件については中国法を重ねて適用する。他方、方式は日本法または中国法による (法例22条)。以上のうち、中国法上の要件は満たしているものと思われるので、残る問題は日本法上の実質的要件を具備しているか否かである。特に本件回答では、わが国の家庭裁判所の審判に相当すると評価し得るような実質的判断を伴う公的機関の形成的な決定が介在していたか否か (公証処で行った公証がこれに該当するか)、という点がネックになっている。そして、本件回答はこの点につき、準拠法は日本法であるとしながら、民法817条の2の要件については、外国の公的機関 (行政機関でも差し支えない) においてわが国の家庭裁判所の審判を代行したものと評価できるような実質的判断を伴う形成的な決定がされていればよいとして、準拠法たる日本法を柔軟に解釈する姿勢を見せており、家庭裁判所の審判に厳密に該当するものを要求しているわけではない。

これに対して本件審判は、中国の公証手続が「民法817条の2……所定の家庭裁判所の審判に該当する」か否か、という点を重視する。これ自体は、あくまで日本法上の要件と同等のものを要求すると読めなくもない。しかし、その直後で、「本件に関する戸籍実務の取扱いもかような見解に基づくものと思われる」としている点を重視すれば、本件回答の立場に理解を示しているようにも読め、以下本稿では、この解釈を前提として検討を進める。

これらを踏まえて考えると、本件回答 (および本件審判) は、中国での養子縁組の日本国法上の効力を、その日本国際私法上の準拠法の観点から柔軟に審査した上で、わが国の家庭裁判所の審判に相当すると評価し得るような「実質的判断」を伴う公的機関の「形成的な決定」が存在しないとの理由により、これに特別養子縁組としての効力を認めなかったものと解される。

（3）　私　見

しかし、準拠法たる日本民法の柔軟な解釈という立場からすると、上記の

---

(15)　法例20条。Ａは縁組当時無国籍であった可能性もあるが、結論は同じである。法例28条2項本文。また、一般論として保護要件につき反致を認める立場からしても、中国養子縁組法20条の趣旨から中国国際私法は養子縁組地法主義をとるものと解されるから、本件で反致は成立しない。

(16)　家裁月報48巻7号158頁、162頁、166頁。

(17)　家裁月報48巻7号75頁8～9行目。

理由には若干の疑問がある。すなわち第1に、中国養子縁組法20条は、外国人が中国で中国人を養子とする養子縁組は公証証明の日から成立する、としており、その意味で、この場合の公証行為は養子縁組の成立要件である。第2に、公証条例や公証細則は、公証処・公証員に証拠調べ（公証条例19条、公証細則25条）や実地調査（公証細則28条）の権限を与え、また、不実、非合法の事実や文書の公証は拒絶すべき旨をも規定する（公証条例25条、公証細則34条）。また第3に、公証条例3条、公証細則32条は、公証員が市民ないし当事者を教育すべきことを規定する。これらの点を考えると、中国での養子縁組は「実質的な判断」を伴う「形成的な決定」であると解する余地があるのではなかろうか。

　もしそうだとすれば、本件では最初から特別養子縁組として戸籍に記載すべきであった（追完届を受理すべきであった）ということになろう。[18] ただ、ここで若干割り切れない点がある。中国法上の断絶型養子縁組は、中国では唯一の縁組形態である。しかし、わが国では2種類の養子縁組制度があり、当事者はその何れを用いるかを意識せざるを得ない。とすると、中国では普通でも特別でもない縁組として成立したものを、わが国の「特別養子縁組」として認めてよいのか、という疑問が生ずる。また、この点を判断するのに、X_1、X_2の意図（当初から特別養子縁組を希望していた）を考慮してよいか否かも、難しい問題である。

（4）　手続法アプローチとの関連

　もし中国での公証手続が「わが国の家庭裁判所の審判に相当すると評価し得るような実質的判断を伴う公的機関の形成的な決定」であると言えるなら、いっそのこと、それを外国離婚判決と同様に承認してしまえばよいではないか、との考え方もあり得る（いわば手続法アプローチ）。もしそう考えて、さらに準拠法の要件を不要と解するなら、本件回答のように民法817条の2以下の要件を逐一検討する必要はなく、（私見では）管轄と公序をチェックす

---

(18)　なお、本件回答のもとになった追完届の中で引用されている1994年4月28日民二第2996号法務省民事局長通達は、渉外的な断絶型養子縁組の届出があった場合の取扱いを示しているが、それが準拠法アプローチをとるのか、それとも後述の手続法アプローチをとるのか、その文言からは不明である。

156 第2部 判例研究

ればよいことになる。ただ、その場合にも、中国法上の養子縁組を「特別養子縁組」として承認してよいのか、若干の疑問は残る。

4 要保護性について

次に、本件審判で問題とされた、普通養子の特別養子への転換（転換養子）の可否（日本民法の解釈の問題）について若干触れておきたい（新版注釈民法(24)（1994、有斐閣）622〜624頁〔大森政輔執筆〕参照）。転換養子が可能であることは、民法817条の3第2項但書の括弧書きから明らかである。しかし、既に普通養子になっているのだから、父母による監護困難または不適当とは言えないのではないか、という疑問がでてくる。本件もこれに該当しそうである。とすると、結局、民法817条の7にいう「その他特別の事情」の有無によって転換の可否が決まることになろう。「特別の事情」の有無については、①実父母による干渉等のため養親による監護が困難となっているような例外的な場合に限られるとの見解や、②普通養子縁組後、事情が著しく変更して、実父母との親子関係の断絶と戸籍の特別措置の必要が生じた場合でなければならない、との見解がある。これらを本件に当てはめて考えると、実父母が不明である以上、①には該当しそうもないが、②に該当すると考えることはできなくもない。特に、実父母不明のため父母欄が空欄になっていると仮定すると、特別養子縁組の成立により養父母の氏名を父母欄に記載する「必要」が認められるのであれば、それが転換を認める根拠になり得るとも思われる。

5 外国人養子縁組実施手続法の評価について

最後に、本件では適用されないものの、本件回答において「今後の参考」として検討対象になっている、中国の外国人養子縁組実施手続法の意義につき、若干触れておく。同法は、中国にいる外国人が中国人を養子とする養子縁組をする場合の手続を具体的に定めたものであるが、養子縁組が公証手続による点など、従来の（本件でも適用された）養子縁組手続を根本から変更するものではない。ただ、同法は、新たに養子縁組組織に関する規定を設け、しかも、当該組織が「養子縁組法の規定に適合すると認めるときは、養子を

---

(19) ただ、より具体的な規定が置かれたことで、公証暫行条例との適用関係が問題となる余地はある。例えば、手続法13条と公証条例25条など。

第2章　国際家族法編　*157*

する者が養子縁組の対象を探し出すことにつき協力することができる」との
規定や、当該組織が「養子を送り出す者が養子縁組法の規定に適合すると認
める場合」に、「養子をする者が中国へ来て子女を養子とすることができる
旨を通知しなければならない」との規定が存在する点を考えると、養子縁組
組織が養子縁組の成否につき実質的判断を行う権限を有していると解する余
地は十分にある。むしろ、公証条例に関する私見を前提とすれば、外国人養
子縁組実施手続法の施行によってわざわざ（従来は公証処が有していた）実質的
判断の権限を放棄したとは考えにくい点をも考えると、同法はかかる権限を
公証処から養子縁組組織に移したものとも解釈できなくはないように思われ
る。

---

(20)　同法5条。なお、戸籍時報では「探し出す」の部分を「尋問する」と訳しているが、中華人
　　　民共和国法規彙編（1993年1月〜12月）（中国法制出版社）405頁の原文では「尋找」となって
　　　おり、「探し出す」の方が訳語としては正確であるように思われる。
(21)　同法7条。なお、本件回答（家裁月報48巻7号166頁）は同法9条を参照しているが、参照
　　　条文としては、通知の要件を規定した7条の方が適切ではなかろうか。
(22)　ただ、かかる解釈は、公証条例25条との関係などを考えると、同法が公証条例に優先して適
　　　用される、との解釈がその前提となる。

158　第2部　判例研究

2．先決問題及び法例の規定の相互関係

最高裁1小法廷2000年1月27日判決

民集54巻1号1頁、判例時報1702号73頁、判例タイムズ1024号172頁

〔事　実〕

　韓国籍を有するA（後に日本に帰化。後記参照）は、韓国籍を有する妻Bとの間に、長男被上告人Y₁（1940年生まれ）、長女被上告人Y₂（1941年生まれ）及び二女被上告人Y₃（1943年生まれ）をもうけた（Yらは何れも韓国籍）。他方、AはCとの間にも男女関係があり、Cとの間に婚外子としてY₄（1951年生まれ）及びY₅（1953年生まれ）がある（何れも日本国籍）。

　Aは1961年にBと離婚し、同年、韓国在住で韓国籍のDと婚姻した上、1963年には日本に帰化し、氏名を改めて戸籍が編製されたが、その際Aの戸籍にはDとの婚姻の事実が記載されなかった。そして同年、AはXと婚姻し、その後X、Y₄及びY₅と同居した。

　Aは1970年に死亡した。本件土地建物はAの相続財産であり、Aの死亡後はXが単独で占有管理している上、これをEらに賃貸して、毎月40万円余を収受している。

　1971年、Y₂、Y₄、X及びその親族らが集まり、Aの相続財産の処理について協議したが、何らの合意も成立しなかった。

　その後まもなく、XはAとXとの婚姻が重婚であるとの事実を知るに至った。

　Dは1977年に死亡した。

　Y₄は1990年、Xに対して、AX間の婚姻は重婚であるとの理由により婚姻取消しの訴えを提起し、1992年に婚姻を取り消す旨の判決が確定した。

　以上の事実関係のもとで、Y₄がXに対し、本件建物の持分権に基づき、その明渡し及び賃料相当額の金員の支払を求め（第1事件）、逆にXはYらに対して、本件建物及び本件土地について時効取得を原因とする持分全部移転登記手続を求めた（第2事件）。

第2章　国際家族法編　　*159*

　Xは本訴において、本件土地建物（またはその持分）について、20年間占有したことによる取得時効及びY₄の相続回復請求権の消滅時効を援用した。

　原審は第1事件請求のうち一部（本件建物引渡及び金員支払請求の一部）を認容し、第2事件請求はすべて棄却した。本判決は、これに対するXの上告を受けて下されたものである。

　なお、上告理由のうち国際私法に関連する部分の要旨は次の通りである。即ち、原判決は相続（＝本問題）の先決問題である親子関係の有無についても旧法例25条が定める被相続人の本国法が準拠法となるとした（これは、先決問題も本問題の準拠法によるとする本問題準拠法説に立ったものと解することができる）が、相続と親子関係の有無とは国際私法上別個の問題であり、準拠法の指定も別個に行うべきである（先決問題における通説である法廷地国際私法説か。解説2の末尾を参照）。そして、本件で問題となる（D・Y₄間の）嫡母庶子関係の成否については、旧法例13条ないし21条までの何れの規定にも該当しない以上、同22条により各当事者（D及びY₄）の本国法によらしめるほかないが、本件ではY₄の本国法たる日本法が嫡母庶子関係を親子関係として認めない以上、結局両者間に親子関係は認められない。また、仮に本問題準拠法説に立って親子関係の有無が感国法によると解したとしても、同じ「家」にない者の間では嫡母庶子関係は成立しないから、何れにせよD・Y₄間には親子関係は認められない。

〔判　旨〕

　判旨は第1事件請求のうち金員支払請求の一部のみを認容し、第2事件請求はすべて棄却した。以下では、準拠法の指定及び適用に関する箇所のみを紹介する。

1　先決問題について

「渉外的な法律関係において、ある1つの法律問題（本問題）を解決するためにまず決めなければならない不可欠の前提問題があり、その前提問題が国際私法上本問題とは別個の法律問題を構成している場合、その前提問題は、本問題の準拠法によるのでも、本問題の準拠法が所属する国の国際私法が指定する準拠法によるのでもなく、法廷地である我が国の国際私法により定ま

160　第2部　判例研究

る準拠法によって解決すべきである。」

　本件についても、Dの相続は旧法例25条によりDの本国法である韓国法によるが、YらがDの直系卑属であるか否かは我が国の国際私法により定まる準拠法による。

2　親子関係の成否の準拠法について

　「親子関係の成立という法律関係のうち嫡出性取得（筆者注・婚内子の地位を取得するか否かの問題）の問題を1個の独立した法律関係として規定している旧法例17条、18条の構造上、親子関係の成立が問題になる場合には、まず嫡出親子関係（筆者注・婚内親子関係、以下同じ）の成立についての準拠法により嫡出親子関係が成立するかどうかを見た上、そこで嫡出親子関係が否定された場合には、右嫡出とされなかった子について嫡出以外の親子関係の成立の準拠法を別途見いだし、その準拠法を適用して親子関係の成立を判断すべきである。」

3　婚内親子関係の成否について

　「旧法例17条によれば、子が嫡出（筆者注・婚内子であること、以下同じ）かどうかはその出生当時の母の夫の本国法によって定めるとされており、同条はその文言上出生という事実により嫡出性を取得する嫡出親子関係の成立についてその準拠法を定める規定であると解される。そうすると、出生以外の事由により嫡出性を取得する場合の嫡出親子関係の成立については、旧法例は準拠法決定のための規定を欠いていることになるが、同条を類推適用し、嫡出性を取得する原因となるべき事実が完成した当時の母の夫の本国法によって定めるのが相当である。」

　したがって、Y_1、Y_2及びY_3がADの婚姻により両者の婚内子となるか否かは、婚姻当時のAの本国法である韓国法によることとなり、1990年改正前の韓国民法773条により継母子関係が成立することから、Y_1、Y_2及びY_3はADの婚内子と同様に扱われ、Dの相続人となる。他方、Y_4及びY_5がAの認知によりADの婚内子となるか否かは、認知当時のAの本国法である日本法によるが、日本法上かかる親子関係の成立は認められないから、Y_4及びY_5はDの婚内子とは認められない。

第2章 国際家族法編 161

4 婚外親子関係の成否について

次に、Dの婚内子とは認められないY₄及びY₅につき、Dとの間にそれ以外の親子関係が成立するか否かを検討する。

「旧法例18条1項は、その文言上認知者と被認知者間の親子関係の成立についての準拠法を定めるための規定であると解すべきであるから、その他の事由による親子関係の成立については、旧法例は準拠法決定のための規定を欠いていることになる。その他の事由による親子関係の成立のうち、血縁関係がない者の間における出生以外の事由による親子関係の成立については、旧法例18条1項、22条の法意にかんがみ、親子関係を成立させる原因となるべき事実が完成した当時の親の本国法及び子の本国法の双方が親子関係の成立を肯定する場合にのみ、親子関係の成立を認めるのが相当である。」

したがって、本件では日本法上、DとY₄及びY₅との間に婚内親子関係以外の親子関係が成立し得ない以上、韓国法の内容を検討するまでもなく両者間に婚内親子関係以外の親子関係は成立しない。となると、上記「3」の結論とあわせると、DとY₄及びY₅との間にいかなる親子関係も成立し得ないから、Y₄及びY₅はDの相続人とはならないものというべきである。

〔研　究〕[1]

1 先決問題の準拠法について

従来の国際私法学説は、ある単位法律関係Aにつき準拠法を指定する際に、その前提となる別個の単位法律関係Bにつき準拠法を選択・適用して結論を出す必要がある場合、単位法律関係Aを「本問題」、単位法律関係Bを「先決問題」と呼びならわしてきた。

先決問題の準拠法については、従来、3つの考え方が対比されてきた。第

───────────────

（1）　本件については、主として以下の文献を参照した。①池原季雄他編『渉外判例百選〈第3版〉』（有斐閣・1995）38頁、②石黒一憲『国際私法』（新世社・1994）212頁、③木棚照一『演習ノート・国際私法〔改訂版〕』（法学書院・1992）120頁、④木棚照一他『国際私法概論〔第3版〕』（有斐閣・1998）77頁、⑤櫻田嘉章『国際私法〔第2版〕』（有斐閣・1998）137頁、⑥澤木敬郎他『国際私法の争点〔新版〕』（有斐閣・1996）179頁、⑦澤木敬郎他『国際私法入門〔第4版補訂版〕』（有斐閣・1998）22頁、⑧出口耕自『基本論点国際私法』（法学書院・2001）207頁、⑨道垣内正人『ポイント国際私法）　総論』（有斐閣・1999）96頁・115頁、⑩山田鐐一他編『演習国際私法〔新版〕』（有斐閣・1992）49頁。

162　第2部　判例研究

1説は、先決問題については本問題の準拠法によるべし、との説（本問題準拠法説）である。第2説は、先決問題については本問題の準拠法所属国の国際私法が指定する準拠法によるべし、との説（本問題準拠法所属国国際私法説）である。そして第3説は、先決問題は法廷地の国際私法が指定する準拠法によるべし、との説（法廷地国際私法説）である。第1説や第2説は、先決問題は本問題の準拠法の適用過程で生ずる問題であるとの点や、法廷地国と準拠法所属国の間での裁判の国際的調和を論拠とするのに対して、第3説は、単位法律関係毎に準拠法を指定する国際私法の構造や、法廷地国内での判決の国内的調和を強調する。判例の多くは第3説を採っており、判旨もこの説をとったものと解される。他方、学説の中にも第3説を支持するものが少なくないが、事案に応じて第2説と第3説とを組み合わせて処理するとの折衷説も唱えられており、これもかなり有力な見解となっている。

　確かに一般論としては、第1・2説の説く法廷地国と準拠法所属国の間での裁判の国際的調和と、第3説の説く法廷地国内での判決の国内的調和のうち、何れがより重要であるか、一概には決することができないかもしれない。しかし、法例等があらゆる法律問題を個々の単位法律関係ごとに区切って準拠法の定め方を規定しており、しかもそこでは本問題と先決問題を区別するような規定の仕方を一般的にはしていない限り、少なくとも我が国における解釈論としては、第3説をとるしかないように思われる。もし、敢えて本問題の準拠法ないし本問題の準拠法所属国国際私法を持ち出そうとするなら、解釈論としてのより明確な根拠が必要となるであろう。

　第3説は、従来、先決問題という枠組みの中で議論がなされてきたことを前提として提示された見解である。しかし、そもそもこの見解は、先決問題という特別な枠組みの必要性自体に疑問を提示するものであるから、むしろ先決問題不存在説と呼ぶ方が相応しいのかもしれない。そう考えるとすれば、先決問題という議論枠組みは最早その役割を終えた、あるいは、もっと

（2）　池原他・前掲注1①・38頁。
（3）　ただしその具体的内容は必ずしも統一されたものではないようである。例えば、木棚他・前掲注1④・77頁、同⑨129頁及び同⑩・50頁における折衷説の説明を対比せよ。
（4）　道垣内・前掲注4⑨・120頁。

先に控えている重要な問題を論じるための前置きとしての存在意義を有するに過ぎない[5]ということになろうか。そう考えてみると、判旨が「先決問題」という用語をあえて用いていないのは、先決問題不存在説への接近を意味しているように解されなくもない。

2　実親子関係の成立（法例の規定の相互関係）について

　法例は、実親子関係の成立を17条から19条までの3ヵ条でカバーしているが、中でも、本件のように婚内・婚外をひっくるめた実親子関係全体の存否が問われるような場面では、改めて準拠法の決定方法が問題となる。学説としては、判旨のように17条と18条を順に適用する見解のほか、17条のみによる説や、条理により当事者双方の本国法を累積適用する見解などがある。しかし、（実）親子関係存否確認と婚内親子関係のみの存否が問われる場面とでは扱いを異にすべきだから17条説は適切でないし、条理に依存することにも疑問がある。他方、17条はある子（限定なし）につき婚内親子関係が成立するか否かという問題を扱っているのに対し、18条は婚内子でない子につき婚外親子関係が成立するか否かという問題を扱っており、両者の間には明確な論理的順序が存在する。従って、実親子関係全般の存否が問題となった場合には、まず17条で婚内親子関係の成否をチェックし、次に18条で婚外親子関係の成否を見る、というのが解釈上は順当ではなかろうか[6]。

（5）　石黒・前掲注4②・212頁を参照。
（6）　道垣内・前掲注4⑨・97頁。

164　第2部　判例研究

3. 中国法に基づく事実上の養子縁組の成否

東京地裁1996年11月11日判決
判例タイムズ955号264頁

〔事　実〕

本件は、中国人訴外 A の実子であると主張する原告 X が、A と中国法に基づく事実上の収養関係（養親子関係）にあると主張する中国人被告 Y に対して、かかる養親子関係の不存在の確認を求めた事案である。本件の事実関係は複雑であるが、ごく大雑把な概要を説明すると、次のようになる。

1910年に中国で出生した A は、1937年に X を出産した。その後、夫の E が1944年に死亡したが、翌1945年頃に訴外 B_1 と知り合い、同居を開始した。しかし1947年頃には B_1 と別居し、X と同居するようになった。ただ、その後も在日華僑社会では A と B_1 は夫婦として行動していた。1951年頃、A は家を新築し、X と同居した。

他方、1937年に訴外 C_1・C_2 の実子として中国で出生した Y は、1945年頃、B_1・B_2 夫婦の実子である訴外 B_3 の許婚とするため、B_1・B_2 に引き取られ養育されていた。その後 Y は、1952年に B_1 の招きで B_2・B_3 とともに来日し、A の家で A・X・B_1～B_3 と同居した。それ以後、大学を卒業するまで、Y は一貫して B_1 の扶養を受けている。なお、大学卒業後の1968年には、住宅の新築に伴い、2ヵ月ほどの間、A 宅にて A と同居している。

その後、B_1 は1986年に、A は1990年に、それぞれ死亡している。B_1 からの相続については、B_2 が妻として、B_3 が長男として、B_4 が二男として、X・Y が何れも養女として遺産分割協議が成立している。他方、A からの相続については、訴外 B_4・X などが公正証書遺言及び自筆証書遺言により相続したが、Y は相続できなかった。

〔判　旨〕

認容（控訴）。

第 2 章　国際家族法編　　*165*

1　準拠法について

「Y主張の養子縁組が成立したとされる昭和27年当時の旧法例19条1項（現行法例20条1項）」の規定によれば、「Y及びAが中国国籍を有する以上、養子縁組の準拠法は右両者の本国法である中国法であるのが原則である。しかし、旧法例29条（現行法例32条本文）」によれば、中国に日本法への反致を認める法律があれば例外的に反致が成立し、養子縁組の準拠法は日本法となる。「ただ、右のごとき反致を認める法律が存在しないか、又はその存在が明らかでない場合には、原則どおり本国法である中国法が準拠法となると解される」。

そこで、反致を認める法律の存否を検討すると、「1992年4月1日施行された中国養子縁組法」には「渉外養子に関しての特別な規定を設けるとの国務院司法部の立法説明（略）があったにもかかわらず、審議の結果渉外養子に関する規定が全く置かれなかったことに鑑みれば、結局、同法は渉外養子縁組について、（略）反致を認める法理を採用しなかったものと解さざるを得ない」よって本件養子縁組の準拠法は中国法である。

2　本件養子縁組の成否について

「中国では、長期にわたって、養子縁組に関する法律が整備されなかったうえ、公証機関が閉鎖されていたため、養子縁組については事実上の養子関係（収養関係）によらざるを得なかったこと、最高人民法院は、かかる現状に鑑みて、1984年8月30日に、『民事政策法律の執行を貫徹するに当たっての若干の問題についての意見』において、『養父母と養子女の関係で確かに長期間共同生活していることを親族・友人や大衆が公認し、あるいは関係組織が証明したものについては、まだ合法的な手続をとっていなくとも、収養関係によって対処すべきである』と定めた」。

「したがって、中国法上は事実上の養子が認められており、最高人民法院の右意見は、前記の中国養子縁組法制定前の養子に関する法律関係を律するものとして、法規範的効力を有し、かつ、本件で問題となっている昭和27年当時も同様の法制であった」。

「事実上の養子が認められる要件としては、①『養子縁組の合意に基づき養父母と養子女の関係で確かに長期間共同生活していること』を実質的要件

166　第2部　判例研究

とし（略）、②これを『親族・友人や大衆が公認したこと』又は『関係組織が証明したこと』を形式的要件とするものと解すべきであ』る。

「YとAとの間の関係が、事実養子が成立するための実質的要件（略）に該当するか否かについて判断する」と、「Yが来日した時にB₁とAが事実上の夫婦関係にあったとは認められないうえ、Yは7、8歳の頃から既にB₁・B₂夫婦の養子となっていたものであり、Yは15歳であった（略）約4か月間Aと同居していたことがあるものの、（略）B₁宅に移転してからは、Aと離れてB₁・B₂夫婦と同居し、B₂が中国に帰国した後も一貫してB₁に扶養されていたものであって、外国人登録においても、世帯主『B₂・長女』、世帯主『B₁・長女』と登録されていた」。

「右の事実関係に照らすと、（略）Yが来日した当時に、YとAが養子縁組の合意をし双方がこれを承認したとの事実を認めることはできない（略）」。

また、「事実養子に関する学説上の解釈として、具体的な養親子関係の存否の判断にあたっては、（略）共同生活期間の長短のみが事実上の養親子関係の認定要素であるわけではないと解されるとしても、Yは、Aとわずか約6か月間しか同居していなかった（略）うえ、養母であるB₂とも二重に同居し、Aとの同居を解消した後もB₂との同居を継続し、かつ一貫して養父であるB₁に扶養されていたものであるから、結局のところ、Yは、Aとの関係において、事実養子の実質的要件としての長期間共同生活をしていたとは認められない」。

「以上によれば、YとAとの間には、事実養子の実質的要件を欠くこととなるから、形式的要件（略）の該当性につき判断するまでもなく、右両者間に事実上の養親子関係を認めることはできず、他には、YがAと養親子関係にあることを認めるに足りる証拠はない」。

〔研　究〕

養親子関係の成立を否定した結論には賛成だが、判旨には若干の疑問点がある。

1　本判決の先例的意義

本判決は、今から50年近く前の中国における事実上の養子縁組の成立が争

第2章　国際家族法編　　*167*

われた事案であり、今後同種の事案が裁判所に持ち込まれる可能性はますます低くなるであろうから、本件の先例としての意義はそれほど大きいものではない。ただ、中国法における法源を考える上では、本判決の中で述べられている指摘は大いに参考になる。

本稿では、判示事項のうち、準拠法と養子縁組の成否の2点に絞って評釈を行う。

2　養子縁組の成否の準拠法について

XはAの本国法たる中国法からの反致の成立を主張し、日本法によるべきだと主張したが、Yは反致の成立を否定し、Aの本国法たる中国法によると主張した。ここでの争点は以下の4つである。

①国務院司法部は、1992年、養子縁組法の立法説明において、「渉外的養子縁組の実質的成立要件については、養子の住所地法を適用し、また、同時に養親の住所地法に反してはならない」とした。Yはその法規範的効力を肯定したのに対して、Xはその法規範的効力を否定した。

②国務院司法部は、1990年、中国に短期滞在する外国人の渉外養子縁組に関して、養子縁組の行為は、養父母の居住国の法律に違反していないことを必要とし、その旨を証明する書類の提出を要求する通達を出した。これにつきXは、渉外養子の準拠法として養親の住居地法を採用していると主張したが、Yは特に何も主張していない。

③最高人民法院は、1992年、養子縁組法施行前に発生した縁組の事案については、当時の関係規定を適用し、当時の規定がない場合は養子縁組法を照らし合わせて（類推して）処理する、との通達を出した。Xはこれを根拠として、本件でも養子縁組法及びその立法説明を遡及的に類推適用すべきであり、事実収養は不可能だったと主張したが、Yは同法の遡及適用を否定し、事実収養は可能だったと主張した。

④最高裁は平成6年3月8日の判決（判例時報1493号71頁）で、中国の継承法の遡及適用を認めるに際し国務院司法部の立法説明を引用した。これについてYは、同判決は国務院の立法説明に法規範的効力を認めたものだと主張したが、Xは、同判決にそのような意味はないと主張した。[1]

判旨は、①は行政府の立法意見に過ぎない、②は養親が外国人である場合

168　第2部　判例研究

に関するものであり、本件には当てはまらない、③が最高人民法院の1984年の意見が認めた事実収養を制度上排除しているとまでは言えない、そして、④は国務院の立法説明に法規範的効力を認めたものではない、とした。

　これらの判断については判旨に賛成したいが、念のために若干の補足説明をしておくこととする。まず①についてだが、国務院には「条例」「規定」「弁法」「通知」といった法形式の委任立法ないし暫定的立法を行う権限があるが、立法の際に行う説明はその何れでもなく、立法担当者としての見解を述べるものであって、それ自体に法規範的効力はない。Ｘが引用する養子縁組法32条は、実施弁法の制定を認めるだけであって、Ｘの言うような「大幅な権限」を与えるものではない。次に②について。本件は、中国人が中国国内で行った事実収養の効力が問題となった事案であり、中国法上の渉外養子縁組(2)とは異なるのであって、渉外養子縁組に関する規定ないし議論が、そのまま国内での養子縁組に関する議論の根拠にもなるというわけではない。次に③について。上記最高人民法院意見にいう「当時の関係規定」が、人民代表大会で可決された法律だけを意味するという論拠は乏しい。むしろ、法律のみならず、行政法規、最高人民法院の意見・回答などをも含むものと解する方が適切ではなかろうか。最後に④について。国務院の立法意見と最高人民法院の通達の位置づけを比べると、前者は立法担当者による全人代向けの説明に過ぎないのに対して、後者は法を実際に運用する上で解決を迫られる問題点につき司法府の頂点にある最高人民法院が下す判断であって、後者にこそ法規範的効力を認めるべきものである。実際、中国の法律関係の書籍には、最高人民法院の意見のみ掲載し、国務院の立法説明には触れていないものが少なくない。(3)

3　養子縁組の成否について

　この点につきＹはＡ・Ｙ間の養子縁組の成立を主張し、Ｘはその不成立ないし無効を主張した。ここで争点となったのは次の点である。即ち、①

───────────

（1）　そのような意味を認めることは、中国民法通則150条にいう「中国の一般公共の利益」に反する、という趣旨である。
（2）　外国人が養親となる場合をそのように言う。養子縁組法20条、外国人養子縁組実施弁法2条参照。
（3）　『実用民事法律精選』573頁以下、『継承法的逐条解釈与適用』221頁以下など。

第2章　国際家族法編　　*169*

A・Yが長期間の共同生活をしたか否か、②関係組織の証明あるいは親族・友人・大衆の公認があったか否か、③養子縁組法の定める要件を満たす必要があるか否か、もし必要があるとすれば、満たしているか否か、④A・Y間の関係は事実養子の要件（養子縁組の実質的要件）を満たしているか否か、そして、⑤B₁・B₂は夫婦だったのに、その両者とAの3名が同時に養親となるのは一夫一婦原則に反するか否か。

　判旨は、最高人民法院の1984年の意見により、事実上の養子縁組というものが認められていたことが認められるとした上で、その要件は、①養子縁組の合意、②長期間の共同生活（①②が実質的要件となる）、③親族・友人・大衆による公認又は関係組織の証明（③が形式的要件となる）の3つであるが、本件では①②が満たされていないから、A・Y間に事実上の養親子関係は認められない、とした。

　筆者はこの点についても判旨に賛成であるが、あえて補足すると、養子縁組の合意についてのYの主張（判例タイムズ955号276頁3・4段目）を見ていると、A側の縁組意思を裏付けるために主張している事実がいくつも並んでいるが、何れも断片的な印象をぬぐえず、縁組意思の裏付けとしては今一つ説得力に欠けるものを感じる上、Y側の縁組意思を裏付ける事実があまりに不足しているように思われる。

　最後になったが、Yは、XがB₁の死亡に際して養女としてこれを相続している事実を取り上げ、中国継承法10条の規定を参照しつつ、A・B₁間の婚姻関係、B₁・X間の扶養関係、及び共同相続人YとA・B₁との事実上の養親子関係を導き出そうとしている。これに対して判旨は、B₁の死後に行われた遺産分割は当事者間の任意の合意であり、それを以て身分関係の認定を左右することはできない、としているが、果たしてそれだけで当事者の主張に対する対応として十分と言えるか、若干の疑問を感じなくもない。

170 第 2 部 判例研究

4．中華民国法上の財産分与と国際私法上の公序

東京高裁2000年 7 月12日判決
判例時報1729号45頁

〔事　実〕

　X（中華民国籍）と Y（現在は中華民国籍）は1947年に婚姻し、日本人であったYは中華民国籍に帰化したが、1978年10月 3 日に日本国内で協議離婚届が受理され、その際、X から Y に対して、本件土地と、離婚の時点ですでに滅失していた建物につき、財産分与を原因とする所有権移転登記がなされた。しかし X はその後、Y に対して、「離婚はしていない（離婚する旨の合意はないし、台湾の方式に沿った離婚手続もなされていない）」「Y が X に無断で本件土地につき財産分与を原因とする所有権移転登記をなした」などと主張して、真正な登記名義の回復を原因とする所有権移転登記等を求めて本訴を提起した。

　原審（東京地方裁判所2000年 2 月23日判決・未公表）は、離婚の有効性（離婚については行為地法である日本法上の方式を満たしているから方式上有効であるとした）と財産分与の有効性を認め、X の請求を棄却した（原審の判旨については、原審が未公表で直接参照できないため、判例時報1729号45頁 2 段目の解説に依拠した）。そこで X が控訴を提起した。

　控訴審において X は、離婚届に署名したことは認めながらも、それは借金取りに対する対抗策として Y がもちかけた偽装離婚に応じたからであり、真実離婚する意思はなかったのであるから、本件離婚は無効である、また、たとえ本件離婚が有効に成立するとしても、XY の本国である中華民国の民法は財産分与を認めていないから、X から Y への財産分与は効力を有しない、と主張した。

　これに対して Y は、中華民国法は協議離婚を認めており、日本の市町村に協議離婚届を出せば、少なくとも日本では有効な離婚があったことになる。また、中華民国法が財産分与を認めないとすればそれは配偶者に酷に過

第 2 章　国際家族法編　*171*

ぎ、わが国の公序良俗に反するから、1989年改正前の法例30条により中華民
国法は適用されず、日本民法によって財産分与は有効となる、と主張した。

〔判　旨〕

控訴棄却（確定）

「X は、Y との離婚届に署名したが、それは当時負債を抱え取立てに追わ
れていた X が、借金取りに対する方策として偽装離婚を Y から持ちかけら
れ、それに応じた結果であって、離婚届が実際に提出されることなど全く予
想していなかったものであるから、離婚意思はなかった（仮に、離婚届の存在
により離婚意思の表示があったというのであれば、X は、Y と真実離婚する意思を有して
いなかったから、離婚の意思表示は錯誤により無効である。）と主張する。しかし、
右の当時、X が負債を抱え取立てに追われていたことは認められるものの、
Y が偽装離婚を持ちかけ、X がこれに応じて離婚意思のないまま離婚届に
署名したことを裏付ける証拠はない。むしろ、X と Y は、X の女性関係が
原因で長期にわたり家庭内別居の状態にあり、婚姻関係は完全に破綻してい
たと解されることからすると、離婚の届出は真意に基づくものであったと認
めるのが相当である。したがって、離婚意思の不存在又は錯誤による離婚届
の提出という X の主張は、いずれも失当である。

　また、X は、Y に本件土地及び本件建物 2 を財産分与したことを強く否
定し、他にめぼしい財産のない X が Y にこれらを財産分与してしまうこと
はあり得ないと主張する。しかし、X は、その当時負債を抱え取立てに追
われており、このまま放置すれば本件土地及び本件建物 2 に強制執行を受け
るおそれがあったから、X は、離婚後も X が本件建物 2 に居住することを
認めることを前提に、本件土地及び本件建物 2 を Y に財産分与したと見る
ことができる。加えて、右に説示したとおり、X は、自らの女性関係によ
り Y との婚姻関係を破綻に至らしめていたのであるから、その慰謝料とい
う意味を込め、Y に本件土地及び本件建物 2 を分与したとしても不自然で
はない。したがって、X は、Y と離婚するに当たり、本件土地及び本件建
物 2 を Y に財産分与したというべきである。

　X は、X と Y の離婚に関しては本国法である中華民国法が適用され、同

172 第2部 判例研究

民法でも協議離婚が認められているが、本件の協議離婚においては同民法が要求する手続がされていないから、両者間に離婚は成立しておらず、したがって、財産分与もあり得ないと主張する。しかし、離婚の方式については、婚姻のような特別な定め（旧法例13条1項ただし書）がないから、旧法例8条が適用されると解するのが相当である。そうすると、本件の協議離婚は、同条2項により行為地法である日本法の手続によることができるところ、XとYの離婚届は適法に世田谷区長に受理されていることが認められるから、XとYの離婚は有効に成立したというべきである。

さらに、Xは、中華民国民法は財産分与を認めていないから、XのYに対する財産分与は効力を有しないと主張しており、同民法が財産分与を認めていないことは、Yも自認しているところである。しかし、協議離婚に際し、夫から妻への財産分与を全く認めないことは、我が国の公の秩序又は善良の風俗に反するものといわざるを得ないから、旧法例30条により、財産分与を認めない中華民国民法は適用されないと解すべきである。そうすると、財産分与の成立及びその効力は、日本民法によることになるから、XからYに対する本件土地及び本件建物2の財産分与は有効である。」

〔研　究〕

控訴棄却の結論には賛成だが、その論拠には疑問がある。

1　本件は、中華民国法上の離婚の財産的効果について取り上げた珍しい判決であり、実務上も参考になるものと思われるし、学問的にも興味深いものである。以下では、控訴審の段階で議論の対象となった論点を中心に、本件に関係のあるいくつかの問題について筆者なりに論じることとする。

2　国際裁判管轄について

本件では第1審の提訴が1997年中に行われているようである（第1審の事件番号「平9（ワ）16648」を参照）から、1996年改正（1998年1月1日施行）前の民事訴訟法（現在の「公示催告手続及ビ仲裁手続ニ関スル法律」）17条の規定（不動産所在地管轄）をもとにして、日本の国際裁判管轄を導き出したものと解される。そこでの考え方をめぐっては、もちろん議論すべき点が少なくないのであるが、本件については、少なくとも控訴審段階では国際裁判管轄の問題が正面

第2章　国際家族法編　*173*

から議論されていないことや、原審判決が入手できないことなどからして、本稿で国際裁判管轄に関する議論をするのは相応しくないものと思われるので、この点については敢えて省略することとしたい。

3　離婚の実質的成立要件について

判旨は、本件離婚が1978年に行われていることから、法例附則2項本文により1989年改正前の法例16条を適用し、離婚原因事実発生当時の夫の本国法である中華民国法を準拠法として、離婚の成否を判断したものと思われる。[1]中華民国法は、1931年の公布以来、一貫して協議離婚を認めている（1049条以下）ので、「夫婦が、共に離婚を志望するとき」に該当すること、すなわち[2]離婚意思の存在が、協議離婚の実質的要件の核心をなすことになる。

我が国の民法の解釈論としては、離婚意思とは実質的に婚姻関係を解消する意思を意味するとする立場（実質的意思説）と、離婚の届出をする意思でよいとする立場（形式的意思説）とに分かれていたが、判例（最高裁1963年11月28日判決）は形式的意思説をとっていることは周知の通りである。[3]

そこで、中華民国民法1049条の解釈としても同様の対立があるか否かが気になるところだが、筆者が目にした文献の範囲内では、一部の文献が実質的[4]意思説を前提としているかのように読めなくもないのを除いては、この点に特に言及したものは見当たらなかった。ただ、本件では、XY両者に実質的な離婚意思がある（形式的な離婚意思の存在は問題なく認められる）ものと認定されているから、いずれの立場に立っても離婚成立という結論には影響しない。

なお、離婚意思の有無に関する判旨の説示の仕方には、やや中途半端なものを感じるので、ここで指摘しておくことにする。つまり、判旨は一方で、「Yが偽装離婚を持ちかけ、Xがこれに応じて離婚意思のないまま離婚届に署名したことを裏付ける証拠はない」としているから、Xの主張を退ける

（1）　なお、旧法例29条は現行の32条と異なり、離婚の要件の準拠法決定に際して反致を排除していないが、中華民国渉外法律適用法14条は夫の本国法主義をとっているため、結局日本法への反致は認められない。

（2）　戸籍実務六法（日本加除出版・1996）872頁。

（3）　二宮周平他『離婚判例ガイド』（有斐閣・1994）23頁。

（4）　王春旭他主編『港澳台民商法』（人民法院出版社・1997）253頁。

174　第2部　判例研究

ことによってYの主張を認めるという論法（離婚の成立を覆そうとしているXの主張に十分な根拠がないのだから、当然現状のまま離婚は有効と認められる、という論法）を採っているようにも見える。しかし他の箇所では、「むしろ、XとYは、Xの女性関係が原因で長期にわたり家庭内別居の状態にあり、婚姻関係は完全に破綻していたと解されることからすると、離婚の届出は真意に基づくものであったと認めるのが相当である」としており、その表記の仕方からする限り、積極的な論拠を持ち出して離婚意思の存在を認定しようとする論法を採っているようにも見えなくはない。筆者としては、離婚意思の不存在についてXの証明責任を負っている以上、前者の論法で一貫させた方がすっきりするように思う。とすると、婚姻は単に関する上記の認定についても、あくまでXの主張に根拠がないものと考えるための根拠であることを明確に表現した方がよいものと考える。[5]

4　離婚の方式について

判旨は、上記3と同様に法例附則2項本文により1989年改正前の法例を適用するとの前提の上で、離婚の方式について改正前の法例には特別の規定がないから、法律行為の方式一般に関する旧法例8条が適用されると解し、本件の協議離婚は同条2項により行為地法たる日本法の手続によることができるところ、XとYの離婚届は適法に世田谷区長に受理されているから、XとYの離婚は有効に成立したと判断している。これは、日本の国際私法上の判断として妥当であろう。では、中華民国の国際私法上はどうか。本件にとってこの判断は不可欠なものではないが、念のために確認しておくと、中華民国渉外法律適用法は離婚の方式につき特に明文規定を置いていないので、法律行為の方式に関する同法5条が適用されるものと解されるが、同条1項但書は「行為地法に依って定められた方式も亦有効である」と規定しており、本件離婚は行為地法である日本法の方式を満たしているから、中華民国の国際私法上も方式上有効であるものと解される。

ただ、本件との関係においてではなく、あくまで一般論として、ここでも

（5）　例えば、「XとYが、Xの女性関係が原因で長期にわたり家庭内別居の状態にあり、婚姻関係は完全に破綻していたと解されることからしても、離婚の届出が真意に基づくものでなかったと認める根拠は何ら認められないものと考えるのが相当である。」

第2章　国際家族法編　*175*

旧法例29条の反致規定との関係が多少は気になるが、方式の準拠法を行為地法によらしめた趣旨（当事者の便宜や行為地の属する社会との密接関連性）からすれば、行為地法からの反致の成立については消極的に考えたい。

5　中華民国法上の財産分与の成否について

ここでは2つの点が問題となる。

1つは、中華民国民法が協議離婚に際していかなる財産分与をも認めていないのか、という点である。

判旨は、「Xは、中華民国民法は財産分与を認めていないから、XのYに財産分与は効力を有しないと主張しており、同民法が財産分与を認めていないことは、Yも自認しているところである。」としているが、この点に関する裁判所自身としての見解は明らかにされていない。しかし、中華民国法が協議離婚に際し財産分与を認めているか否かという問題は、準拠法の解釈の一環であって裁判所の職責に含まれるから、当事者の自白のみを根拠として判断しているような判旨の書き方には疑問が残る。

本件離婚は1978年に行われているから、中華民国の時際法上、本件離婚の際に行われた財産的給付については、1985年改正前の同国民法が適用されるものと解される。そこで同国離婚法に関する文献を見てみると、確かに1985年改正前の同国民法は、裁判離婚との関係についてのみ離婚給付を認める規定を置いていた。よって、協議離婚に伴う財産分与が民法上明文で規定されていないことは確かである。しかし他方で、同国の判例（最高法院1944年上字第4412号判決、1939年上字478号の存在が紹介されているが、判決自体は公表されないとのことなので、判決原文に触れることができないのが残念である）は、夫婦間に協議があれば協議離婚に伴う財産給付を認めている。よって本件の場合にも、

（6）　前掲注2・注4で紹介した文献以外に、①林秀雄「台湾の家族法」黒木三郎監修『世界の家族法』（敬文堂・1991）235頁、②木村三男監修『渉外戸籍のための各国法律と要件』（日本加除出版・1996）、③林日東『中華民国における離婚給付制度の研究』（晃洋書房・1998）、④黄宗楽「離婚　その原因と財産問題（台湾法）」戸籍時報521号（2000）。

（7）　1056条ないし1058条。このこと自体は現在でも変わらない。ただし、夫婦財産制に関する1985年の法改正に伴い、1058条は同年改正で若干の改正を受けている。

（8）　そしてそれは立法論上不合理だとの指摘もある。黄・前掲注6④・28頁。

（9）　林・前掲注6③・93頁。

（10）　林・前掲注6①・242頁、黄・前掲注6④・31頁注86。

176 第2部 判例研究

XY の間で、X が離婚に際して Y に本件不動産を譲渡する旨の合意が成立していれば、その履行により Y は適法に本件不動産の所有権を取得しているものと解される。

そこでもう一つの問題は、本件において XY が財産分与の意思を有していたか否か、である。この点に関する判旨の説示の仕方は、離婚意思の有無についてすでに論じたのと同様に、やや中途半端なものを感じる。判旨は、「X は、その当時負債を抱え取立てに追われており、このまま放置すれば本件土地及び本件建物2に強制執行を受けるおそれがあったから、X は、離婚後も X が本件建物2に居住することを認めることを前提に、本件土地及び本件建物2を Y に財産分与したと見ることができる。加えて、右に説示したとおり、X は、自らの女性関係により Y との婚姻関係を破綻に至らしめていたのであるから、その慰謝料という意味を込め、Y に本件土地及び本件建物2を分与したとしても不自然ではない。」として、X の主張を退けている。しかし、「見ることができる」や「不自然ではない」というのは積極的な論法（離婚意思の箇所で述べたのと同様の、積極的な論拠を持ち出して財産分与意思の存在を認定しようとする論法）の論拠としてはきわめて不十分である。むしろ、それらの推測が可能な程度に、X の主張は根拠不十分である、という点を明確に打ち出した方がよかったのではなかろうか。

6 公序則発動の是非について

判旨において最も疑問なのは、この点である。判旨は、「協議離婚に際し、夫から妻への財産分与を全く認めないことは、我が国の公の秩序又は善良の風俗に反するものといわざるを得ないから、旧法例30条により、財産分与を認めない中華民国民法は適用されないと解すべきである」としている。確かに、1985年改正前の同国民法上、協議離婚に伴う財産分与が民法上明文で規定されていないことは確かである。しかし他方で、同国の判例が、夫婦間に協議があれば協議離婚に伴う財産給付を認めているのも事実である。ただ、それらの判例は何れも扶養請求に関する事案のようであり、財産分与についてまで先例性を認めるべきか否かの点については疑問が残るかもしれない。しかし、協議離婚に伴う財産分与を認めていなかった大韓民国民法（といっても現在では同国民法839条の2において協議離婚に伴う財産分与が明文で認められてい

第 2 章　国際家族法編　　*177*

(11)
る）の適用が問題となったかつての我が国の判例（最高裁1984年7月20日判決。
解説は判例時報1729号45頁に紹介されたものを参照）において、いきなり国際私法
上の公序を持ち出すのではなく、まずは同法843条・806条の規定によるべき
であるとの立場が採られたことを考えると、判旨がそのような点を一顧だに
せず、いきなり国際私法上の公序を持ち出して中華民国法の適用を排除した
ことには、大いに疑問が残るところである。筆者としては（中華民国とは正式
な国交がないため、国際司法共助を用いることができないのは大変残念であるが、）、中
華民国の法律学者などを通じて何らかの形で同国の判例を調査し、それを同
国の法律の一部として援用することにより、あくまで中華民国法の適用の結
果として財産分与を認めることとするのが妥当な解決であると考える。

　さらに問題を敷衍するなら、そもそも本件は財産分与という形をとらなけ
ればYの財産的利益を守れないケースだったのか、それ自体が1つの問題
たりうるように思われる。財産分与というのは、夫の財産の一部を離婚に際
して妻に与えることを意味するが、表面的には夫の財産のように見えても、
実質的には妻の固有財産であると認定できるものがあれば、それは財産分与
によらなくても当然に妻に帰属すべきものであるから、財産分与の成否のみ
にこだわると、思わぬ落とし穴にはまりかねない。本件については、原判決
を入手できないこともあって、そのあたりの事実関係が今ひとつ判然としな
いのが残念であるが、この点も検討の対象となりうるということをここで確
認しておきたい。

7　公序則発動の効果について

　以上述べたように、筆者は本件において国際私法上の公序則（1989年改正前
の旧法例30条）を発動することには反対であるが、仮にその点を置いておくと
して、仮に本件に同条を適用した場合についての問題点を1つ指摘しておき
たい。

　判旨は、公序則適用の結果について、「財産分与の成立及びその効力は、
日本民法によることになる」としている。公序則発動の効果については、内
国法適用説や次順位連結説、欠缺否認説があることは周知の通りであるが、

---

(11)　前掲注2・768頁。
(12)　石黒一憲『国際私法』（新世社・1994）・239頁。

178 第2部 判例研究

判旨が「日本法」ではなく「日本民法」を適用するとしていることからすると、判旨は内国法適用説を採ったものと思われる。

もともと、法例の起草者は内国法適用説の立場を採っていたが、近年の学説では、欠缺否認説が有力であるとされている[15][16]。そして、同説から内国法適用説に対する批判としてしばしば指摘されるのが、「逆転現象」の弊害である[17]。すなわち、財産分与を例にとると、日本法を適用すれば500万円の財産分与が認められるケースについて、準拠外国法上の分与額（例えば310万円）が、我が国の公序（公序則発動の基準が300万円であったとする）にギリギリで反しないとされる金額である場合には、上記のどちらの説によっても、準拠法上の分与額そのもの（310万円）を我が国の裁判所も認めることになる。しかし、準拠外国法上の分与額（200万円）が我が国の公序に反するほどの低額である場合には、内国法適用説によると、日本民法に基づいて算出される金額（500万円）が分与額として認められることになり、ギリギリで公序に反しない場合（310万円）よりも分与額が多くなってしまう。これを逆転現象と呼ぶのである。この後者の場合、欠缺否認説によれば、公序違反になるかならないかの基準となる金額（300万円）を我が国では分与額として認めるから、逆転現象は生じないとされるのである。

確かに、上のような計算が成り立つこと自体は否定できない。しかし、ここで筆者が感じる疑問は、果たしてこの問題を考える際に「逆転現象」に決定的な重要性を持たせるべきか否か、ということである。もともと我が国際私法が、外国法を準拠法とすることを一方で認めつつ、他方で国際私法上の公序則により外国法の適用を排除できる、という構造を採っている以上、何らかの逆転現象は不可避ではないのか。例えば離婚の成否という、逆転現象の説明では通常用いられない例をあえて持ち出してみると、不貞行為などの特定の離婚原因はないものの婚姻が破綻しているというケースについて、準拠外国法が破綻主義をとっていれば、我が国でも裁判離婚が認められること

---

(13)　井之上宜信「公序」『演習国際私法［新版］』（有斐閣・1992）59頁。

(14)　道垣内正人『ポイント国際私法）　総論』（有斐閣・1999）・276頁他。

(15)　法務大臣官房司法法制調査部監修『法例議事速記録』（商事法務研究会・1986）・182頁。

(16)　櫻田嘉章『国際私法［第3版］』（有斐閣・2000）・130頁。

(17)　道垣内・前掲注14・276頁。

になろう。次に、準拠外国法が有責主義をとっている場合には、有責的離婚原因がない以上、離婚は認められないことになろう（そしてそのような結果が我が国の公序に反するとも言い切れまい）。しかし、準拠外国法が離婚禁止国であった場合には、公序則の発動により当該外国法の適用は排除され、離婚が認容されることになるものと思われる。とすると、ここでは、財産分与の場合とは別の意味での「逆転現象」が生じることになるのではないだろうか。これを阻止するには、離婚を常に内国法によらしめるのか、あるいは公序則の発動を否定するしかない。何れも、現行法の解釈としては無理であろう。

　以上の考察により、筆者は、公序則発動の効果について議論する場合に、逆転現象の有無という点にそれほどの重要性を持たせるべきではないと考える。むしろ筆者としては、欠缺否認説をとった場合に、膨大な量の「国際私法上の事項規定」ないし「渉外実質法」を解釈により創造しなければならないという問題点の方が、解釈上より大きな困難をもたらすのではないかと考える。それよりは、多くの判例がそうしているように、公序則により準拠外国法の適用を排除したときは、日本民法を適用して結論を出す、ということにした方が、処理基準として明確であり、結論も（逆転現象という立法論上の課題は残るとしても）まず妥当であると考える。

180　第 2 部　判例研究

5．婚姻中の日本人とパキスタン人未成年者との養子縁組

東京家裁2003年 3 月25日審判
判例集未登載

〔事　実〕

　X（申立人）は1964年生まれの日本人女性であり、1988年にパキスタン人男性 B（所属宗教は特に認定されていない）と婚姻し、遅くとも1997年からは日本国内に居住している。B は1998年から日本の会社と契約してパキスタンの水力発電所建設プロジェクトの仕事を続けており、経済的にも安定した生活をしている。

　A（事件本人）は1995年、B の兄弟 C とその妻 D との間に生まれたパキスタン人であるが、XB 夫婦によれば、A は XB 夫婦とも同居したことがあり、XB 夫婦に懐いている。A は2002年10月以降日本国内に在留して X の監護教育を受けており、パキスタンには帰らず日本で XB 夫婦のもとで暮らす考えである。

　CD 夫妻と XB 夫妻はイスラマバード高等裁判所所属公証人認証の私署証書（2002年10月14日付）のとおり、CD 夫妻から XB 夫妻に対し、A を引き渡して全権を付与し、国外に同行することも同意する旨、XB 夫妻は、A と同居して実子同然に適切に教育監護し、自らの物を分かち与え、養育費用のすべてを負担し、A の幸福と将来を約束する旨、それぞれ確約して同証書に自ら署名した。

　以上の状況のもとで X が A との普通養子縁組の許可を求めたのが本件である。

〔判　旨〕

　許可（確定）。

　「1　X と A との養子縁組については、常居所地である日本の裁判所が国際裁判管轄権を有する。

第2章　国際家族法編　　*181*

2　XとAとの間の養子縁組の準拠法としては、Xの本国である日本の法律が適用される（法例20条1項前段）。

3　民法によれば、配偶者のある者が未成年者を養子とするには、配偶者とともにしなければならない（795条本文）とされるところ、Bの本国であるパキスタンには養子縁組法が存しないから、文字どおりの夫婦共同縁組は実現できない。そして、パキスタンに養子縁組法が存しないことをもって、日本の法例33条に該当するということもできない。

しかしながら、Aの父母とXB夫妻が公証人認証付き私署証書のとおり、実親類似の全権をXB夫妻に付与する趣旨の合意があり、同国イスラム法の下で尊重される内容であるから、いわば『養子縁組に代わる合意がパキスタン回教共和国内において成立している。』ということができる。また、父母の意向の確認については、上記私署証書があり、一応厳格な方法が講じられているし、その後にCDが同意を撤回したと窺うべき事情もない。そうすると、本件については、法定代理人の代諾（797条1項）が存するということができるし、実質的にみて夫婦共同縁組（民法795条）の要請を充足するものがあるというべきである。

4　XとAの現状に問題はなく、X及びBにはAの扶養、監護、教育をする適格があり、Aの最善の利益が養子縁組により促進される、Xとの養子縁組によりAの福祉が損なわれることはなく、かえって子の福祉が促進されると期待することができる。

よって、本件の養子縁組を許可するのが相当である。」

〔研　究〕
判旨の結論、理由付けともに疑問。

1　XA間の養子縁組の可否

本審判は、婚姻中の日本人が単独でパキスタン人未成年者を養子とする普通養子縁組を、民法795条の趣旨に照らして許可した、筆者の知る限り唯一の審判例である。筆者としては、単独普通養子縁組許可の申立てを許可した結論自体にも、その理由付けにも疑問があるので、以下検討する。

182　第2部　判例研究

（1）　国際裁判管轄と準拠法決定

　本審判がわが国の国際裁判管轄を認めた点、及び、XA 間の養子縁組の準
拠法を X の本国法でもある日本法とした点（法例20条1項前段）については、
特に異論はない。ただ、いわゆる保護要件（同項後段）については、A の本
国法であるパキスタン法を適用した上で、当該法が養子縁組を禁止している
場合には、結局当該法上の保護要件は課されないことになる点に一応触れて
おくべきであったように思われる。

（2）　日本民法の解釈

　次に、本審判が民法795条の趣旨に基づき XA 間の普通養子縁組を許可し
た点について検討する。

　そもそも同条の趣旨は、夫婦が未成年者を養子にする場合、養子をより適
切に監護するには父母の共同親権によるのが望ましい、との点にある。そし
て、これに対する例外は、夫婦共同縁組を強制する必要がない場合（配偶者
の嫡出子を養子とする場合。同条但書前段）と、もともと夫婦共同縁組が不可能な
場合（配偶者がその意思を表示できない場合。同条但書後段）に限られているのであ
る。とすると、XB と A との間にもともと親子関係が存在しない本件のよ
うな場合には、同条但書後段に該当しない限り XB 夫妻の双方と A との養
子縁組を認めることによってこそ、夫婦共同縁組の趣旨を十分に満たすこと
ができるのではなかろうか。

　しかし本審判は、A の実父母である CD 夫妻と XB 夫妻の間で「実親類似
の全権を XB 夫妻に付与する趣旨の合意」があり、いわば「養子縁組に代わ
る合意が……成立している」と言えるから、夫婦共同縁組の要請を満たす、と
判断している。これは、「XB 夫妻がともに養親となるべきだ」という要請
を「CD 夫妻が XB 夫妻に子を託したからそれでいい」という形にすり替え
ていないだろうか。本審判が「3」の末尾において、「本件については、法定
代理人の代諾（民法797条1項）が存するということができる」し、「実質的に
みて夫婦共同縁組（民法795条）の要請を充足するものがある」としているこ
とからしても、本審判は、代諾の相手が XB 夫妻であることによって、代諾

（1）　木棚照一他『国際私法概論第3版』（有斐閣・1998）202頁。
（2）　二宮周平『家族法』（新世社・1999）148頁。

の存在が同時に夫婦共同縁組の要請をも満たすと考えているように解される。

しかし、そのような考え方には疑問がある。何故なら、そもそも法定代理人による代諾の制度は養子となる者の意思無能力を補うためのものであるのに対して、夫婦共同縁組の制度は前述のように養子縁組後における養子の適切な監護のためのものであって、両者はその趣旨を異にするものだからである。

むしろ、CD側の合意はあくまで民法797条の代諾としてのみとらえ、民法795条の要件充足性については、同条但書に該当する事情の存否という観点から検討すべきものと解する。そして本件のように、Bの本国法上養子縁組が認められない場合には、Bはそもそも縁組の有効な意思表示ができないのだから、そのような事情をあくまで1つの事実として考慮して民法795条但書後段を拡張解釈し、単独縁組を認めるべきである。ただしその場合でも、民法796条本文にいう「配偶者の同意」は同条但書に該当しない限り必要なのであり、その点を審判書でも明示すべきものと解する。なぜなら、795条の意思表示とは自らも養親となる旨の意思表示であるのに対して、796条の同意は自分の配偶者が養親となることへの同意であると解されるが、本件のようにBの本国法が養子縁組を禁止している場合には、前者の意思表示をすることは本国法上の制約によりできないものの、後者の同意をすることは可能だからである。

2　パキスタン・イスラム法と国際私法上の公序

（1）　パキスタン法を取り上げる意義

本審判は、民法795条に関する検討に入る前に、Bの本国法であるパキスタン法が養子縁組を認めないことが法例33条に該当するとは言えないとしている。そもそも、本件はXAの単独養子縁組の事例であり、その準拠法は法例20条1項前段によれば日本法なのに、なぜここでパキスタン法を取り上げる必要があるのだろうか。

実は筆者は、本件についてXから電子メールで何度となく相談を受けた経緯がある。Xによれば、もともとXB夫妻は共同でAを養子とする縁組の許可を希望していたが、裁判所側の説得により結局Bからの申立てを取り下げ、Xからの申立てのみを維持した、とのことである。もしそうだとすれば、本審判がここで前記の点に言及したのも理解できなくはない。すな

184　第2部　判例研究

わち、もしパキスタン法上の養子縁組禁止がわが国の公序に反するならば、本件でも XB 夫妻による共同縁組を認める可能性があったのだが、本審判は、夫婦共同縁組を認めることができないから単独縁組の可否を検討せざるを得ない旨を示すべく、このような説示を行ったものと思われる。

（2）　本審判の妥当性

　では、この部分の判示は妥当なものだろうか。公序に関する本審判の判断は結論を示すのみであり、その論拠は明示されていない。ただ、X によれば、裁判所側から、パキスタンでは養子縁組を否定しているし、クルアーンで禁止されていることを日本では公序良俗に反するからという理由で認めることは、聖書に書かれていることが公序良俗に反するというのと同じことで、そのような判断はできない、という趣旨の示唆があったとのことである。もし B からの申立ての背景としてこのような事情があったとすれば、しかもその示唆が、国際私法上の公序が外国法の内容自体を批判するものであるとの誤解に基づくものであるとすれば、それは国際私法そのものに対する無理解以外の何者でもないように思われる（ただ、法律の素人である XB 夫妻が夫婦共同縁組の申立てを諦めたのはやむを得ない選択であろう）。また、もしそのような誤解がなかったとしても、イスラム法が準拠法となる場合に国際私法上の公序則を援用して養子縁組を認めた裁判例がある(4)以上、せめて本審判としても、これらの裁判例をどう評価するのか、本件との関係をどう判断するのか、という点は明示しておく必要があったのではなかろうか。

（3）　私　見

　筆者の見解としては、公序則発動の要件である結果の異常性(5)と内国牽連性(6)を認定した上で、公序則違反としてパキスタン・イスラム法の適用を排除

（3）　澤木敬郎他『国際私法入門第4版再訂版』（有斐閣・2000）57頁、木棚他・前掲注1・82頁。

（4）　東京家裁1995年11月20日審判・判例集未搭載、千葉家裁2000年11月6日審判・判例集未搭載。いずれも特別養子縁組の事例である。前者の評釈として、拙稿・ジュリスト1140号（1998）150頁がある。

（5）　いかなる場合でも養子縁組を認めないのはこれにあたる。

（6）　Bの勤務形態は本審判からは必ずしも明らかでないのが気になるが、未成熟子を抱える家族は通常その子を中心として生活を営むことが多く、またAは日本国内で在学しており、今後もXB夫婦のもとで暮らす考えを述べていることから、この要件も本件では満たされているといっていいのではなかろうか。

第2章　国際家族法編　　*185*

し、XB 夫妻と A との普通養子縁組の許可申立てをさせた上で、これを許⁽⁷⁾
可すべきであった、ということになる。

（4）　戸籍先例との関係

　ここで、公序則との関係で気になる戸籍先例として、パキスタン人夫と日
本人妻の夫婦が後者の実子を養子とする養子縁組を受理すべきでないとする
回答がある。X によれば、裁判所側からは、このような先例がある以上、
裁判所で認めても行政が認めないだろう、という趣旨の示唆があったとのこ
とである。しかし、筆者からの質問に対する法務省民事局民事第 1 課からの
回答によれば、上記戸籍先例は「裁判所における実体的な法令解釈の指針と
なるべきものでは」ないので、「裁判所において……公序則を適用し……縁
組の許可がされることは……回答の趣旨と矛盾するとは考えられ」ない。む
しろ、公序則の発動による「外国法適用の排除は……国際私法及び内国法に
関わる高度の法令解釈を要するため、行政機関における判断には限界があ」
り、「最終的には司法機関の判断によってその法令解釈の当否が示されるべ
きもの」である。とすると、もし本審判の背景に前記のような背景があり、
しかも本審判が前記戸籍先例に影響されて公序則の発動を控えたとすれば、
それはむしろ、上記戸籍先例の実質的な趣旨に反することになるのではなか
ろうか。さらに、そもそも同回答は民法798条但書が適用される事例に関す
るものであり、本件はその射程外である。いずれにせよ、前記戸籍先例は本
審判の裏付けとしては適切ではないように思われる。

　3　なお、パキスタン法に関連して付言すると、パキスタンは英領イン⁽⁹⁾
ド時代からの人的不統一法地域であり、イスラム教のほかにもキリスト教会
法などが存在し、それらの中には養子縁組を認めるものもあるようである。
それにも関わらず、本審判が、一方で B の所属宗教を認定しないまま、他
方でパキスタン法の構造にも触れないままで、「パキスタン法＝イスラム法」
という前提で判断しているかのように見受けられる点には、不満が残る。

（7）　来日前の監護状況がわからない以上、本件は民法817条の 5 の要件を満たさないため、特別
　　養子縁組の申立てはできないものと解される。
（8）　1995年 3 月30日民 2 ・2639民事局第二課長回答、民事月報50巻 6 号141頁。
（9）　David Pearl, Interpersonal Conflict of Laws in India, Pakistan and Bangladesh（1980）, at 35

186   第2部　判例研究

6. 渉外的代理母契約に基づく親子関係の成否

大阪高裁2005年5月20日決定
判例時報1919号107頁

〔事　実〕

　申立人 X₁（日本国籍・男性）と同 X₂（日本国籍・女性）は1986年に婚姻したが、その後約20年間子どもに恵まれなかった。1989年頃に AIH（夫の精子を用いた人工授精）を試みるなどしたが失敗したため、精子の採取・使用が困難となることを危惧し、1996年に X₁の精子を採取し、凍結保存した。他方、当時は卵子の凍結保存技術が不十分だったため X₂の卵子の凍結保存はなされず、また、他の女性から提供された卵子を用いてつくった胎外受精卵を X₂の胎内に着床させることも、そのような受精卵を体内に着床させて出産してくれる女性を国内で得ることも不可能であった。そのため X らは、X₁の凍結保存精子と、他の女性から提供された卵子を体外受精させ、それを他の女性の体内に着床させて出産してもらうしか、X らの子どもを得る方法はないものと考え、アメリカで代理母を求めることを決意した。

　そこで X らは、2001年8月にカリフォルニア州で、代理母仲介業者である CSP の媒介により訴外 D 夫妻と Surrogacy Agreement（代理母契約）を締結し、さらに2002年2月には、卵子提供の仲介業者である Egg Donation Institution の仲介により訴外 C 夫妻と Egg Donor Contract（卵子提供契約）を締結した。その後、同年4月に上記代理母契約に基づく体外受精・胎内着床施術を行い、その結果、D は同年10月に訴外 A、B（双子）を出産した。X₂は出産の前日に病院に到着し、出生と同時に A、B の養育を開始して、2003年2月には A、B とともに帰国している。

　2002年9月、X らは D 夫妻を相手取ってロスアンゼルス郡高等裁判所に親子関係の確認を求める訴え（以下「米国訴訟」とする）を提起したが、同裁判所は翌月、X₁は A、B の法的・遺伝学的な父であり、X₂は A、B の法的な母である旨の判決（以下「米国判決」とする）を言い渡し、その後同判決は確定

した。

2004年1月、X₁は明石市長に対し、出生証明書を添付して、父をX₁、母をX₂とする出生届を提出したが、明石市長は、X₂はA，Bを分娩していないから母子関係は認められないとして不受理処分をした。これに対して、同年3月、Xらは神戸家裁明石支部に不服申立て（戸118条）を行ったが、原審が同年8月申立てを却下したため、大阪高裁に即時抗告（家審14条）した。これが本件である。

〔判　旨〕

抗告棄却（特別抗告〔棄却〕）。

「Xらの本件原申立ては、……X₂とA、Bとの間の母子関係（実親子関係）の有無を問題とするものであり、……渉外私法的法律関係を含むことが明らかであるから、この点に関する準拠法に関連して検討を加える。」

「法例17条1項で定められる準拠法によっては、嫡出（筆者注・婚内）親子関係の成立を肯定することができないから、同法18条1項で定まる準拠法により、更に、親子関係の成立の有無を判断すべきである。

そして、同項前段によれば、嫡出に非ざる子（筆者注・婚外子）の親子関係のうち母との親子関係については、出生当時の母の本国法によるとされている。

そうすると、X₂とA、Bとの親子関係の有無は、X₂の本国法である日本法によって定められることになる。

わが国においては、母子関係の有無を決する基準について、これを明定する法律の規定はないが、従前から、母子関係の有無は分娩の事実により決するのが相当であると解されてきた」。

本件の「認定事実によれば、A、Bを分娩したのはDであって、X₂でないことは明らかであるから、日本法に準拠する限り、X₂とA、Bとの間に母子関係を認めることはできない」。

結局、「X₂とA、Bとの間に母子関係が認められないことを理由としてされた本件各処分は適法であり、したがって、本件出生届の受理を命ずることを求めるXらの本件原申立ては、いずれも理由がない」。

188 第 2 部 判例研究

〔研 究〕

抗告棄却の結論には賛成であるが、その理由付けには疑問がある。

1 本件の意義

本件は、代理懐胎子の出生届の取扱いについてわが国で初めて裁判となったケースであり、同時期に下された東京高裁2006年9月29日決定[1]とともに社会的な注目をあびた事件である。

2 法例の適用か、外国判決の承認か

わが国には、渉外的私法関係の処理に関する法的枠組みとして、①国際私法を通じて準拠法を指定し、その指定された準拠法により法律関係を確定するという枠組みと、②外国で下された判決があれば一定の要件を満たすことを条件にそのわが国での効力を承認するという枠組みが並立しているが、上記東京高裁2006年9月29日決定が②の枠組みを用いて判断しているのに対して、本件決定は①の枠組みを用いて判断しており、両者の判断手法はその点で大きく異なっている。そこで、本当はいずれの手法によるべきなのか、という点を検討する必要がある。

そこで考えるに、そもそも上記①②の2つの枠組みについて、その制度的な優劣関係は、少なくとも制定法上は明定されていない。よって、特定の事件について両者の判断が食い違う（可能性がある）場合には、先に既判力を獲得した方の判断がもう一方に優先する、という形で決着をつけるのが妥当であり[2]、これと異なる判断を主張するためには、それを正当化するだけの相当な論拠が求められるものと考える。

さて、本件のような場合について、(a) 代理懐胎はその実質を見ると出生前養子縁組といってもよいものであること、(b) 養子縁組は国によって多様であるため、日本の法秩序に反する縁組を防止するためにはわが国の国際私法が指定する準拠法に従う必要があること、(c) 準拠法要件を加えて厳格に審査することが子の福祉に適うこと、を根拠に、上記②の枠組みを用いる

（1） 判例時報1957号20頁。評釈として、早川眞一郎・判例タイムズ1225号（2007）58頁。同評釈は本件について検討するためにも不可欠の文献である。なお、最高裁2007年3月23日決定・裁判所時報1432号4頁はこの高裁決定を破棄し、出生届受理の申立てを退けたが、その理由中で立法による速やかな対応が強く望まれる旨を述べている。

（2） 林貴美・判例タイムズ1219号（2006）60頁参照。

ことを否定し、上記①の枠組みによるべきである、との見解がある。[3]

しかし、この見解には疑問がある。なぜなら、（a）で述べている点については さらに詳細な議論を必要とするものの、特にそのこと自体に大きな異論はないが、（b）については、わが国の国際私法が指定する外国法上の養子縁組制度がわが国の法秩序に反するものである可能性は十分にあるのであるから、必ずしも説得的な論拠にはならないように思われるし、（c）についても、外国判決承認の方法による方が手続面のチェックができる点ではむしろ子の福祉に適うとも言い得ることから、やはり十分な論拠とは言えないように思われる。よって、やはり本件のような場合にも上記②の外国判決承認の枠組みを用いて判断するのが適切であると考えたい。

3 親子関係の成否

以上を前提とした上で、XらとA、Bとの親子関係をどう判断すべきか、以下検討する。

（1） 米国判決の承認の可否

まずは民事訴訟法118条を適用するわけであるが、その際に特に問題となるのは、間接管轄の有無（同条1号）と公序違反の有無（同条3号）であろう。

間接管轄については、米国訴訟がカリフォルニア州在住のアメリカ人夫婦を被告として提起されたものであることを考えると、わが国の国際民事訴訟法の観点から見ても、同州に間接管轄を認めるのが相当であろう。この点について、「日本に住所を有する日本人夫婦と代理懐胎子との親子関係の存否については、やはり日本に裁判管轄がある」とする見解があるが、[4]そもそも米国訴訟は日本人夫婦の側が提起したものである点や、A、Bの親は誰なのかを確定するという訴訟の全体像を考えても、上記の見解がカリフォルニア裁判所の間接管轄を否定すべき積極的理由付けとして十分であるとは思われない。

公序との関係については、米国判決がX_1を「法的なそして遺伝学的な父親」として認定したことは、X_1の凍結精子を使って体外受精したことから十分な裏づけを有するものであり、わが国の国際私法上の公序に反するとは

（3） 櫻田嘉章他編『国際私法判例百選〔新法対応補正版〕』（有斐閣・2007）123頁（佐藤やよひ）。
（4） 佐藤・同上。

190　第2部　判例研究

思われない。他方、X_2について米国判決は、その親となる意思に基づいてA、Bの法的な母親として認めている。しかし、仮にわが国の実定法上の分娩者基準[5]にまでは拘泥しないとしても、受精から分娩までのいずれの段階にも直接には関与していない者を実母として認めることは、実親子関係の概念をあまりに希薄化するものであって、わが国の基本的な社会秩序に反するように思われる。したがって、代理母と代理懐胎子の親子関係につき特段の立法措置がなされない限り、本件のような場合に実母子関係を認める米国判決は、わが国の（国際私法上の）公序に反するものと考える。

　以上から、米国判決については、X_1とA、Bとの父子関係を認める部分のみを承認し、X_2とA、Bとの母子関係を認める部分は承認を拒絶すべきである。

　なお、本研究会の席上、米国判決を特別養子縁組の審判と同質のものとして、いわば変形して「承認」するとの考え方が議論の対象となった。後に述べるような特別養子縁組の手続をせずに米国判決に依拠してXらとA、Bとの法的親子関係を確立させ得る点では魅力的な考え方であるが、そのように変形することに無理はないのか、またXらに養子縁組の効果を一方的に押し付けてしまってよいのか、若干の疑問が残る。

（2）　法例の適用

　以上のように、X_2とA、Bとの親子関係については、米国判決の承認を拒絶すべきであるから、次にわが国の国際私法が定める準拠法に従って母子関係の有無を判断すべきことになろう。本件決定は、ここで法例17条（法適用28条）[6]を適用して、XらとA、Bの間にも、またC夫妻やD夫妻とA、Bとの間にも婚内親子関係の成立は認められないとする。しかし、米国判決が上記のような理由で部分的に承認を拒絶されるべきであるとするならば、この部分での後者の（C、DとA、Bの関係に関する）判断についても、それと平仄を合わせる形で、国際私法上の公序に反するとしてカリフォルニア州法の適用を排除した上で、A、Bの法的な母はDであると認定すべきだったの

（5）　分娩した者が母であるという考え方。最高裁1962年4月27日判決、民集16巻7号1247頁参照。
（6）　Xらについては日本法、C，Dについてはアメリカ・カリフォルニア州法が準拠法となる。

ではないだろうか。本件決定はこの点につき十分に検討しておらず、疑問が残るところである。

結局、日本での扱いとしては、A、Bの実父はX_1、実母はDということになる。したがって、XらとA、Bとの親子関係は、特別養子縁組の形で成立させるのが適切である。[7]その際、民法817条の6に定める実親の同意については、同条の直接適用によりこの要件を免除することはできないが、実親の意思にかかわらず養子縁組を成立させるという同条の趣旨を類推して、Dの同意を免除すべきである。[8]

4　戸籍上の取扱い

最後に、戸籍上の取扱いに関して若干の検討をしておきたい。

私見では、X_1がA、Bの生来の父となるから、胎児認知をした場合に準じて、A、Bには日本国籍を認めるべきである（国籍法2条1号）。ということは、A、Bを戸籍に記載すべきであるということになる。

そこで、A、Bについての出生届が問題となる。XらがX_1を父親、X_2を母親として提出した出生届を受理すべきでないことは、すでに述べたとおりである。A、Bの法的な実母はDであるから、戸籍法52条2項により、本来はDが出生届を提出すべきである。ただ、本件ではDは自らの意思でA、BをXらの子として差し出しているのであるから、Dから自らを母とする出生届の提出は期待できない。また、同条3項所定の者からの届出も、本件の事実関係の下では期待できない（さらに、同条4項の適用もない）。ということは、本件では出生届の届出義務者がいないことになるから、残る手段としては、同法44条3項（「催告をすることができない場合」に当たるものと考える）・24条2項による職権記載の方法で、A、Bのみの戸籍をまず編製し（同法20条の3の類推適用）、そこからA、BをXらの戸籍に入籍させる（同法18条3項）、という手順を踏むのが適切であるといえよう。

（7）　林・前掲注2・64頁。なお、早川・前掲注1・64頁参照。

（8）　二宮周平「認知制度は誰のためにあるのか（4）—人工生殖と親子関係」戸籍時報607号（2006）24頁は、本件が同条の「父母がその意思を表示することができない場合」に当たるとするが、本件の場合、Dは自らの意思でA，BをXらにゆだねているのであり、養子縁組への同意の意思表示ができないのではなく、そのような意思はないものと見るべきであるから、同条の直接適用は困難であるものと考える。

7. フィリピン法上の重婚による婚姻無効と
国際私法上の公序

熊本家裁2010年 7 月 6 日判決
判例集未搭載

〔事　実〕

　フィリピン国籍の Y（女）は、1989年 6 月にフィリピン国内で A（男）と婚姻したが、A が1991年 3 月に逮捕され刑務所に服役するなどの事情があったため、1993年 6 月に A の実家を出て転居した後、1994年11月頃来日し、熊本県内で働いた。日本国籍の X（男）は、1995年 2 月頃 Y の働く店に客として来店し、Y と交際するようになった。その結果、Y は X との第一子 B（女）を出産し、2004年 6 月に B とともに来日して約 6 か月間日本に滞在し、X と婚約した後、同年12月には X とフィリピンで同国の方式により婚姻した。

　Y は2005年 4 月にふたたび B とともに来日し、X との生活を始めた。また、B は X が認知したことに伴い、2006年10月に日本国籍を取得した。さらに Y は X との間に第二子 C（女）を出産した。しかし、XY は次第に夫婦関係が悪化し、2008年 9 月から別居を開始した。Y はそれ以来現在に至るまで BC と生活している。X は2009年に BC の監護権者を X と定める内容の審判を求めて申立てをしたが、熊本家裁は同年これを却下し、X からの即時抗告も福岡高裁により同年棄却された。

　なお、A は2005年 6 月に死亡している。

　本件は、X が Y に対して、XY の婚姻時に Y がまだ A と婚姻関係にあったことに基づき、重婚を理由として XY 間の婚姻の無効確認を求めて提訴した事案である。

　本件訴訟において、XY の婚姻時に Y が A と婚姻していた事実については、XY とも争っていない。しかし Y は、フィリピン法により XY 間の婚姻を無効とすることは公序良俗に反するから、同法の適用を排除し、日本民

法を適用すべきであると主張した。その理由についてYは次のように述べた。①XがYとの婚姻時にYの重婚状態を知っていたこと、②XYの婚姻の半年後にAが死亡したことによりYの重婚状態は解消していること、③XYの婚姻関係は5年に及んでいること、④Yは2005年4月の来日以来、日本で5年間暮らしていること、⑤XYの第一子Bは2005年4月の来日以来、また第二子Cは出生以来、ともに日本で生活しており、今後も日本で生活することを望んでいること、などの事情に照らすと、フィリピン法によりXY間の婚姻を無効とすれば、BCは日本国籍を喪失し、不法滞在者として退去強制させられるという極めて過酷な結果をもたらす。

　これに対してXは、XY間の婚姻が無効になるとXとBCとの親子関係の成立については日本法によることとなるが、Xによる認知があればXとBC間には婚外親子関係が成立するところ、XはBを認知しているし、Cについても認知の効力が認められる婚内子出生届をしているから、BCいずれについても、法務大臣への届出により日本国籍が認められるし、日本での在留も認められるのであるから、本件にフィリピン法を適用しても公序良俗に反することはない、と主張した。

〔判　旨〕
「本件にフィリピン家族法35条4号を適用して、XとYとの婚姻を無効とすることは公序良俗に反するかどうか判断する。

　XとYとの婚姻について、フィリピン家族法35条4号を適用すれば、婚姻は遡及的に無効となり、初めから婚姻関係はなかったものとされる。しかし、Yの前婚の配偶者であるAは、XとYとの婚姻が成立した約6か月後に死亡しており、既に重婚状態は解消していること、XYの婚姻期間は5年を経過しており、Yは2005年4月に日本に入国後、約5年間日本で生活していること、BもYとともに入国し約5年間日本で生活していること、Cは出生してから現在まで日本で生活していること、他方で、XとYとの婚姻が無効となれば、B及びCがXYの嫡出子（筆者注・婚内子、以下同じ）たる身分を失うことになることなどの事情を考慮すれば、XとYの婚姻について、重婚を無効とするフィリピン家族法を適用することは、その結果におい

194 第2部 判例研究

てわが国の公の秩序又は善良の風俗に反するものと解するのが相当である。

したがって、通則法42条に基づき、フィリピン家族法35条4号の適用を排除すべきであるから、XとYとの婚姻は無効とはいえない。」

〔研　究〕

本判決は、日本人・フィリピン人間の婚姻においてフィリピン人側に重婚の事実があった場合につき、重婚を無効とするフィリピン家族法の適用を国際私法上の公序により排除した事例である。

本判決では専ら、フィリピン家族法の適用により本件婚姻を無効とすることが国際私法上の公序良俗に反するか否かの点のみが論じられているが、以下では、公序に関する判断の前提となる婚姻の実質的成立要件の準拠法の点についてもあわせて論じることとしたい。

1　婚姻の実質的成立要件の準拠法について

（1）　学説の分析

法の適用に関する通則法（以下「通則法」とする）24条1項は婚姻の実質的成立要件の準拠法につき「婚姻の成立は、各当事者につき、その本国法による」と規定する。この規定の解釈に関する学説は、次の3つに整理することができる。

（1）各当事者につき、それぞれ各自の本国法のみを配分的に適用するとの説[1]

（2）両当事者の本国法を両当事者に累積的に適用するとの説[2]

（3）一方的要件については（1）により、双方的要件については（2）と同様の結果を認める説[3]

（1）　神前禎他『国際私法〔第2版〕』（有斐閣・2006）164～166頁。

（2）　澤木敬郎他『国際私法入門〔第6版〕』（有斐閣・2006）102～103頁。

（3）　①木棚照一他『国際私法概論〔第5版〕』（有斐閣・2007）202～204頁、②櫻田嘉章『国際私法〔第5版〕』（有斐閣・2006）249～250頁、③松岡博編『国際関係私法入門〔第2版〕』（有斐閣・2009）174～175頁など多数。ただ、双方的要件に関するそれらの説明は、例えばABの婚姻においてAの本国法上の双方要件は満たすがBの本国法上の双方要件を満たさない場合に、それが国際私法上ABどちらの側の要件を欠くものとして扱われるものと考えるのか（もしABの両本国法の累積適用を認めるなら、Bの本国法をBのみならずAにも適用し、AがBの本国法上の要件を欠くものと考えるべきであるし、配分的適用を貫きつつ結果的に同様の結論

第2章　国際家族法編　　*195*

　従来からの通説は（3）説であり、一方的要件と双方的要件を国際私法上区別し、かつ一方的要件の中でも両当事者それぞれの要件（例えば男女の婚姻であれば女性側の要件と男性側の要件）を区別する説であり、連結方法は3通りあることになる。これに対して（1）説および（2）説は、少なくとも解釈論として一方的要件と双方的要件を区別することは無理であるとして（3）説を批判する。ただ、その中で（1）説は、婚姻の両当事者それぞれの要件を別個の単位法律関係として区別し、各当事者の本国法へ配分的に連結しようとするのに対して、（2）説はそのような区別までをも否定し、婚姻の実質的成立要件というただ1つの単位法律関係のみを認めて両当事者の本国法を累積適用しようとする。

　筆者としては、この点について検討するためには2つの点を踏まえる必要があるものと考える。その1つは解釈論としての限界である。婚姻について何を一方的要件とし、何を双方的要件とするかは、各国の実質法上の立法趣旨が絡み合う複雑な問題であり、それを国際私法上の連結点決定基準として用いることは困難であるし、仮に実質法とは別に国際私法上の概念として取り込もうとするのであれば、少なくとも明確な立法が必要となるはずであって、解釈論で対応するのは負担が重すぎる（その点で（3）説には賛同できない）。もう1つは、配分的適用の趣旨である。明らかに累積的適用を規定しているとしか読めない規定であればともかく、そうとまではいえない規定を、あえて累積的適用ないしそれと同様の結果をもたらす規定として解釈することは、特に一方的要件につき婚姻の成立を困難にするものであって、通則法の多くの規定が夫婦・親子関係の成立全般を容易化すべく連結点設定を工夫していることと平仄が合わない（その点で（2）説には賛同できない）。この

───────────────

を出したいのなら、Bの本国法はあくまでBにのみ適用しつつ、実質法上の解釈においてBがAと婚姻することにつきB側に婚姻障碍を認め、BがB自身の本国法の要件を欠くものと考えるべきであるが）明示していないものが多く（その点、③174頁はXの本国法の要件がYにも適用されると明示しているが、これは正面から累積適用を認める趣旨であろうか）、はたしてそれらを一括して「双方的要件について累積適用を認める説」と紹介してよいものか迷うところであり、本文で「同様の結果を認める」と表現を濁したのもその趣旨である。
（4）　ただしその区別が必ずしも一義的かつ明確にできるとは限らないことは多くの論者が認めている。
（5）　道垣内正人『ポイント国際私法　各論』（有斐閣・2000）68頁参照。

196　第2部　判例研究

2点からして、筆者は（1）説の解釈が妥当であると考える。

（2）　本判決の考え方

　本判決では、婚姻の実質的成立要件の準拠法につき、争点の部分で以下のように述べている。

　「婚姻の成立は、各当事者につき、その本国法によるところ（法の適用に関する通則法……24条1項）、Xの本国法は日本法であり、民法744条、732条によれば重婚は婚姻の取消要件と規定している。他方、Yの本国法はフィリピン家族法（ママ）であるところ、フィリピン家族法35条4号によれば重婚は初めから無効であると規定している。[6]そして、重婚は、婚姻の実質的成立要件のうち双面的婚姻障碍に該当するから、厳格法の原則に従い、重婚の効力についてはフィリピン家族法に基づき無効とするのが原則である。」

　この部分については、論理的に厳密に考えればいくつかの解釈の可能性が考えられるであろうが、[7]「重婚は、婚姻の実質的成立要件のうち双面的婚姻障碍に該当するから」としていることから、上記の分類でいえば（2）説を採ったものと解される。しかし筆者としては、上記1で述べたように、国際私法上は一方要件・双方要件を区別せず、かつ、通則法24条1項につき配分的適用を徹底する考え方を支持するので、本件のXについては婚姻障碍がなく、Yについてのみ重婚という婚姻障碍があるため、それに基づいて婚姻を無効とすることが妥当か否かを、公序との関係で検討すべきであると考える。

（6）　J・N・ノリエド（奥田安弘＝高畑幸訳）『フィリピン家族法』（明石書店・2002）137～138頁によれば、重婚による婚姻無効には例外があるが、後婚の挙行前に配偶者の一方が一定期間（4年または2年）不在となり、残された配偶者が相当の理由により不在配偶者の死亡を確信し、かつ、残された配偶者が不在配偶者の推定死亡の宣告に関する略式訴訟を提起することが必要とされており、本件では例外の要件を満たしていないものと思われる。

（7）　フィリピン家族法に基づき無効との結論を導くために「厳格法の原則」を持ち出している点を考えると、少なくとも（3）説を採用したものではないように思われる。「厳格法の原則」は、準拠法適用の結果として、婚姻取消可能・婚姻無効という両立しない2つの結論が出た場合に、そこから最終的な解答を導き出すための論法であるが、もし累積的適用をするのであれば、そのような論法を持ち出すまでもなく、直ちに無効という結論が導き出されるはずだからである。その証拠に、非嫡出親子関係の成立や養子縁組など、累積的適用が明文化されている他の項目について「厳格法の原則」が持ち出されることはなく、例えば溜池良夫『国際私法講義〔第3版〕』（有斐閣・2005）の巻末索引を見ると、「厳格法の原則」は婚姻の成立要件の箇所でのみ用いられている。

第2章　国際家族法編　　*197*

2　国際私法上の公序則の発動について

　本判決は、フィリピン法上の重婚による婚姻無効を我が国で認めることが国際私法上の公序に反するとして、同法の適用を排除した事例である。外国法上の婚姻無効を国際私法上の公序に反するとした裁判例としては、異教徒間の婚姻を無効とするエジプト法の適用を排除した東京地裁1991年3月29日判決（家裁月報45巻3号67頁）や、重婚を無効とする朝鮮民事令下の慣行の適用を排除した高松高裁1991年7月30日判決（判例タイムズ770号239頁）があるが、本判決は、婚姻無効が子の法的地位に与える影響を重視して結論を出している点で特徴的である。

（1）　公序則の発動要件

　公序則を発動して準拠外国法の適用を排除するための要件としては、通常、①事案の内国関連性と②外国法適用結果の異常性の2点が挙げられる[9]。我が国の国際私法は内外法平等を基本とし、内国実質法の優位を認めないのが原則であるが、法規範やその解釈が国によって様々に異なる現状に鑑み、外国法の適用が我が国社会の基本的な価値観や秩序と相容れない結果を具体的にもたらす場合には、内外法平等の例外として外国法の適用を排除する。それが国際私法上の公序である。これは極めて重大な例外的措置であるため、これを認めるための要件は厳格に解すべきであり、いやしくも必要以上に公序に依存するような解釈は慎むべきであって、上記①②の要件もかかる[10]観点から吟味すべきである。

　そこで、①に関して本件の事実関係を確認すると、Xは日本国籍であり、少なくともYと知り合った1995年以降、Yに会うためにフィリピンに行くなどしてはいるものの、生活の本拠は一貫して日本国内に有していたものと

（8）　エジプトのようなイスラム諸国では現在でもイスラム家族法の影響力が強いが、イスラム家族法上、イスラム教徒の男性は「啓典の民」と呼ばれるイスラム教徒、キリスト教徒、ユダヤ教徒とのみ婚姻でき、他方でイスラム教徒の女性はイスラム教徒の男性としか婚姻できないこととされており、それ以外の信仰をもつ者は婚姻に先だって改宗するのが通常である。

（9）　神前他・前掲注1・86頁、澤木他・前掲注2・61〜62頁、櫻田・前掲注3・123〜125頁、松岡・前掲注3・63〜64頁など。

（10）　国際私法上の公序の謙抑性を指摘するものとして、神前他・前掲注1・85頁、澤木他・前掲注2・60頁、櫻田・前掲注3・122頁、松岡・前掲注3・63〜64頁など。なお、これに対する異論として、木棚他・前掲注3・91〜93頁。

198 第2部 判例研究

思われる。他方、Y はフィリピン国籍であるが、2005年4月に来日して以来日本に居住している。また、XY 間の第一子 B は Y とともに2005年4月に来日して以来日本に居住し、第二子 C は出生以来日本に居住していて、両者とも今後も日本で生活することを望んでいる。これらの事実からすると、本件の事実関係は我が国との十分な内国関連性を有しているといってよいように思われる。

　他方、②に関しては、判旨には若干の疑問が残る。事実の概要の箇所で述べたように、XY とも、両者の婚姻時に Y が A と婚姻していた事実については争っていないものの、Y はフィリピン法の適用により XY の婚姻が無効となれば BC の日本国籍が失われ、不法滞在者として退去強制させられるとの理由で公序則発動を求めたのに対し、X は、X の認知が認められる以上、法務大臣への届出により日本国籍は認められ、日本での在留も認められるのであるから、フィリピン法の適用は公序に反しないと主張した。この X の主張に対して Y からは特に反論がなされていないが、本判決は、XY の婚姻が無効となれば BC が XY の婚内子たる身分を失うこととなるなどの事情（これは X も Y も主張していない事情である）を考慮して、フィリピン法の適用を我が国の公序に反するものと判断している。人事訴訟においては職権探知主義が採用され（人事訴訟法20条前段）、裁判所は当事者が主張しない事実をしん酌することができる以上、このような判断をすること自体が違法であるとは言い切れない。ただしその場合でも、当事者の手続保障の観点から、裁判所はその事実について当事者の意見を聴かねばならず（同条後段）、それを怠った場合には判決の破棄事由としての法令違背（民事訴訟法325条2項）となりうる。これからすると、特に本判決のように、当事者のどちらも主張していない理由がまさに請求棄却の理由となっている場合には、裁判所が当事者の意見を聴いた結果を判決中で明示すべきなのではなかろうか。その点が本判決では窺えないことが残念である。また、「嫡出子たる身分を失うことになることなどの事情を考慮すれば」という理由づけについては、親子関係や日本国籍、日本での在留資格が否定される場合と比べて「嫡出子たる身分を

━━━━━━━━━━━━━━━━━━━━━━━━

(11)　吉岡睦子＝長谷部由起子編『Q&A 人事訴訟法解説』（三省堂・2004）95〜96頁。

第2章　国際家族法編　　*199*

失うこと」が結果の異常性を肯定できるほどの問題なのか疑問がないわけではなく、また「など」という不明確な表現が加わることによって一層難解な理由づけとなってしまっている点が気になる。

（2）　公序則発動の効果

　公序則発動の効果については、内国法適用説と欠缺否認説との対立があるが、本件はフィリピン法の適用排除により当然婚姻有効の結論が出る事例であって、いずれの説に立っても結果に相違はないため、この点の考察は割愛する。

あとがき

　本書を締めくくるにあたり、渉外戸籍と国籍のそれぞれについて、筆者が今最も気になっていることを挙げ、自分自身に対する今後の研究課題の提示としたい。

1　渉外戸籍先例研究について

　およそ法律学（特に実定法学）においては、法分野のいかんを問わず、裁判所によって出された裁判例に対する研究が「判例研究」「判例解説」「判例評釈」「判例紹介」などの名称で活発に行われてきており、裁判所による法解釈や運用が様々な観点から分析されてきた。筆者も、本書に収録したものを含めて、これまでに一定の判例研究を公表してきた。

　裁判所は憲法（76条）によって司法権を与えられており、その法解釈は立法府や行政府の行う法解釈に優先するものであるから、国によって現実に行われている法解釈を把握しようとする場合、裁判例が重要な情報源となることは間違いない事実であろう。

　それに対して、行政府の行う法解釈は、最終的には司法府によって覆される可能性を孕んでいるという意味で重大な留保がつけられているとはいえ、日常的かつ膨大に行われるそれらの判断が社会に対して有する影響力は計り知れないものがある。その意味では、行政先例もまた、裁判例とは違う意味で、法解釈に関する重要な研究対象であることは間違いないように思われる。

　このことは渉外戸籍についても然りである。明治以来今日まで、累々と積み重ねられてきた渉外戸籍先例は、渉外戸籍に関する実証的研究にとって欠かすことのできないものである。しかし、戸籍先例はあまりに膨大かつ非体系的（例えば先例変更がなされる場合に、どの範囲での変更なのかが必ずしも明確でない場合がある）であり、また、個々の先例が必ずしも十分に明確かつ公式の理由付けを与えられていない（裁判例における判決理由のようなものが戸籍先例にはな

あとがき　*201*

く、せいぜい戸籍関係の専門誌に公表される際に法務省職員により解説が付される程度であり、しかもそれは必ずしも法務省としての公式見解を述べたものではない）ことから、渉外戸籍先例の研究には渉外戸籍判例の研究と比べて大きな困難が伴う。

　しかし、序論で紹介した『渉外戸籍法リステイトメント』のような優れた研究が登場することにより、今後、渉外戸籍先例の研究によりスポットが当てられる素地が作られつつあるように思われる。また近年、木村三男監修篠崎哲夫・竹澤雅二郎・野崎昌利編著『全訂新版　渉外戸籍のための各国法律と要件』シリーズ（日本加除出版・2015 年〜）や、渉外戸籍実務研究会『改訂　設題解説　渉外戸籍実務の処理』シリーズ（日本加除出版・2013 年〜）のような、実務家向けの渉外戸籍に関する書籍の改訂が相次いでいるのも、渉外戸籍に関する研究にとってはある意味で追い風となり得るように思われる。

　筆者としては、判例研究と肩を並べる研究手法の 1 つとして、戸籍先例研究（とりあえず渉外戸籍先例研究）が今後さらに活発化されることを期待するとともに、筆者自身も微力ながらそのための一歩を踏み出したいと考える。

2　本国法主義の運用に関する実証的研究について

　国籍を国際私法上の連結点として活用する本国法主義は、イタリアやフランスから日本に明治期に輸入されて以来、100 年以上にわたって日本の国際私法に定着してきた。1960 年代以降、ハーグ国際私法会議での常居所地法主義採用の流れに沿って、遺言の方式に関する準拠法、扶養義務の準拠法、そして法例における家族関係のいくつかの規定で常居所地が連結点として採用されてきた中でも、本国法主義はごく一部の例外を除いて第一次的な連結点の地位を保ってきた。

　しかし、法は常に社会とともにあり、社会が変化すれば法にもまた見直しの余地が生まれるものである。国際私法の基本理念が「ある法律関係と最も密接な関係を有する地の法を適用すること」にあるとするならば、本国法の適用がその理念に合致しているか否かについても、常に再検討を必要とするのではないだろうか。果たして、明治期に本国法主義が輸入された頃と現代

を比べて、本国法が持つ意味や機能は不変だと言えるのか。

　また、家族法関係についても準拠法選択における個人の意思を重視する考え方（例えば夫婦財産制の準拠法に関する限定的当事者自治の採用など）からすれば、客観的な密接関係性以外にも本国法主義を正当化する根拠（異国に定住する民族のアイデンティティーとしての本国法）が考えられ得る。

　そのような、客観的な密接関係性と当事者の意思の尊重の両面から、本国法主義の妥当性や妥当範囲を実証的に検討する作業が今後よりいっそう必要とされるように思われる（関連する最近の研究例として、佐野寛「法適用通則法における本国法主義の意義」国際法外交雑誌 115 巻 3 号 46 頁）。筆者としてこの分野に今後どこまで切り込めるかは未知であるが、日本でも国籍と生活実態が分離している例が多く見られ、それを国際私法との関係でどのように把握すべきなのか、筆者としても関心を持って取り組んでいきたいと考える。

　　2018 年 6 月 30 日

　　　　　　　　　　　　　　　　　　　　　大 村 芳 昭

著者略歴

大 村 芳 昭（おおむら　よしあき）

1963年　東京都小金井市生まれ
1987年　東京大学法学部1類（私法コース）卒業
1993年　東京大学大学院法学政治学研究科博士課程単位取得退学
1997年　中央学院大学法学部専任講師
2005年　同教授（現職）

主要著作
『国際家族法研究』（成文堂・2015）

渉外戸籍・国籍法研究

2018年9月1日　初版第1刷発行

著　者　大　村　芳　昭

発行者　阿　部　成　一

〒162-0041　東京都新宿区早稲田鶴巻町514番地
発 行 所　株式会社　成 文 堂
電話 03（3203）9201（代）　　Fax 03（3203）9206
http://www.seibundoh.co.jp

製版・印刷　シナノ印刷　　　　　　　　　　弘伸製本
©2018 Y. Ohmura　　　　　　　　Printed in Japan
☆乱丁・落丁本はおとりかえいたします☆
ISBN978-4-7923-3379-9　C3032

定価（本体4,500円＋税）